新时代背景下
财务专业人才培养校企合作研究

吴杏媚　著

吉林科学技术出版社

图书在版编目（CIP）数据

新时代背景下财务专业人才培养校企合作研究 ／ 吴
杏媚著．-- 长春：吉林科学技术出版社，2020.10
ISBN 978-7-5578-7523-7

Ⅰ．①新… Ⅱ．①吴… Ⅲ．①高等学校－财务管理－
人才培养－研究－中国 Ⅳ．① F275

中国版本图书馆 CIP 数据核字（2020）第 179713 号

新时代背景下财务专业人才培养校企合作研究

XINSHIDAI BEIJINGXIA CAIWU ZHUANYE RENCAI PEIYANG XIAOQI HEZUO YANJIU

著　　者	吴杏媚
出 版 人	宛　霞
责任编辑	朱　萌
封面设计	李　宝
制　　版	张　凤
幅面尺寸	185mm×260mm
开　　本	16
字　　数	160 千字
页　　数	120
印　　张	7.5
版　　次	2020 年 10 月第 1 版
印　　次	2020 年 10 月第 1 次印刷
出　　版	吉林科学技术出版社
发　　行	吉林科学技术出版社
地　　址	长春市福祉大路 5788 号
邮　　编	130118

发行部电话／传真　　0431—81629529　　81629530　　81629531
　　　　　　　　　　81629532　　81629533　　81629534

储运部电话　　0431—86059116

编辑部电话　　0431—81629520

印　　刷　　北京宝莲鸿图科技有限公司

书　　号　　ISBN 978-7-5578-7523-7

定　　价　　50.00 元

前　言

　　校企合作是高校长期发展必不可少的重要条件，也是提高财务管理专业学生职业能力的途径之一。高校和企业在课程体系、实训基地、双师型教师等方面互相促进、互相合作培养财务管理专业学生的职业能力。"产教融合、校企合作"是高等教育发展的重要模式，是地方本科高校向应用技术大学转型的必由之路。长春工程学院财务管理专业强调实践与操作，将课程建设与培养目标以及专业能力有机地结合，探索应用型创新人才培养模式。近年来财务管理专业开展了多项校企合作，进一步促进了产教融合。

　　该种方式是邀请企业财务人员进课堂，讲述企业财务知识，通过参与某门专业课程的教学和举行专题讲座等形式进行，前者持续时间长，后者持续时间较短。该方式的优点是操作简单，但也有较多的缺点：一是时间限制多，由于企业财务人员为专职工作人员，很难抽出较多时间给学生授课，尤其是很难参与到某门专业课程的教学，至多能开展两三个小时的专题讲座；二是由于财务人员的工作较多，如事先准备不充分，则其讲授的财务工作经验参考价值不大；三是财务岗位是纯技术岗位，缺乏实景的单纯讲授知识缺乏针对性。

　　实践教学基地承担着学生的实践教学任务，一直受到高校重视，高校采用各种方式建立实践教学基地，承担学生认知实习、毕业实习等任务。认知实习主要组织学生到企业参观，使学生对企业财务各部门、岗位的工作流程有所了解；毕业实习则主要让应届毕业生进单位，以帮助学生提高财务分析能力、就业竞争力。该模式也存在诸多问题：一是时间问题，认知实习时间有限，仅能对企业财务工作简单了解，学生很难有机会去做一些实质性的财务业务；毕业实习时间一般为半年左右，时间虽有保证，但在组织管理方面存在困难，尤其是大规模的集中实习较难实现，且由于安全、资金、人员配备等方面的问题，实习效果不明显；二是企业态度问题，由于财务工作往往涉及企业的商业机密，因此，企业在接纳学生实习方面的态度并不积极，许多同学难以接触到实质性的财务工作，使得实习流于形式。

前　言

目　录

第一章 新时代背景下财务专业人才

第一节 高校财务人员的专业素质初探

本节所指的素质主要是指人的品质与素养。财务人员是从事财务管理工作的专业人员，其专业素质是由职业道德和职业才能组成的。高校财务人员由于其工作环境和服务对象具有其特殊性，所以高校财务人员要成功地履行自己的职责，不仅要具备一般财务人员的专业素质，还需要具有一般财务人员所不具有的一些特殊素质。文章第三部分对高校财务人员的专业素质进行了分析。

一、素质的含义

素质是一个使用频率很高范围很广的概念，人们在不同学科和不同角度使用素质这个概念时，对素质这个概念做出了不同的界定。我国的大型辞书《辞海》是从生理学和心理学的角度来界定素质的，"素质，人的先天的解剖生理特点，主要是感觉器官和神经系统方面的特点。人的心理来源于社会实践，素质也是在社会实践中逐渐发育和成熟起来的，某些素质上的缺陷可以通过实践的学习获得不同程度的补偿。"①如心理学中使用的素质其含义就是指人的遗传素质，"素质一般指有机体天生具有的某些解剖和生理的特性，主要是神经系统、脑的特性，以及感官和运动器官的特性。是能力发展的自然前提和基础。"②但是，人们在其他一些学科使用素质这个概念时，其含义发生了变化，素质不仅指人的先天的禀赋，素质还包括人在后天形成的品质和素养。如《教育大辞典》就指出，素质是"（1）个人先天具有的解剖生理特点，包括神经系统、感觉器官和运动器官的机能特点，通过遗传获得，故又称遗传素质，亦称禀赋。对人的能力形成和发展有重大影响。（2）指公民或某种专门人才的基本品质。如国民素质、民族素质、干部素质、教师素质、作家素质等，都是个人在后天环境、教育影响下形成的。"③目前，人们在使用素质这个概念时，大多采用《教育大辞典》中素质含义的第二种含义，把素质视作某种专业人才的基本品质与专业素养。本节所讲的高校财务人员的素质就是指高校财务工作者的基本品质与职业素养。

二、财务人员的专业素质

随着社会经济的快速发展，财务管理活动越来越复杂，对财务人员的专业素质也提出了越来越高的要求。因此，财务人员的专业素质也受到了越来越多的关注。笔者在中国知网的《学术文献网络出版总库》进行了搜索，在"题名"一栏中输入"财务人员"，在"并含"一栏中输入"素质"，可以搜索到189篇探讨财务人员素质的文献，其中还包含两篇硕士学位论文。由此可见，对财务人员专业素质的探索已成了人们研究的一个重要领域。在对财务人员专业素质的分析过程中，有人认为："财务职业素质是财务工作人员在财务活动中表现出来的，决定其管理成效和专业水平的思想和心理品质的总和，包括道德素质、知识素质、技能素质和心理素质。"④也有人提出在知识经济时代财务人员必须具备"战略决策素质、全球化视野、诚信素质、信息采集和网络交易素质、人文素质、熟练运用财务法律和法规的素质、创新素质、对风险和收益权衡的素质、处理公共关系的素质和良好的心理素质"等十大素质。⑤根据本人多年从事财务工作的经验和体会，笔者认为，财务人员作为一种从事财务管理工作的脑力劳动者，从其职业性质上看，属于需要一定专业知识的从事复杂劳动的专业人员。从事复杂的脑力劳动的专业人员，其专业素质一般分为职业道德和职业才能两个方面，如教师这种专业人员的专业素质是由师德（即职业道德）和师才（即职业才能）构成的，医师这种专业人员的专业素质是由医德（即职业道德）和医术（即职业才能）构成的。财务人员作为一种专业人员，其专业素质也是由职业道德和职业才能两个方面构成的，而职业道德和职业才能又是由若干个因素构成的。财务人员的职业道德主要构成要素有如下一些因素：恪尽职守、爱岗敬业的责任意识；坚持原则、依法理财、按章办事的法规意识；不贪不占、廉洁奉公的自律精神；热情周到、细致耐心的服务意识。财务人员的职业才能随着财务管理活动的日益复杂和科学技术的进步在不断地发生变化，在20世纪，一个业务能力很强的财务工作者可能对计算机技术一无所知，但在21世纪，一个不能操作计算机的财务工作者只能是一个很不称职的财务人员。在21世纪，一个财务人员的职业才能主要是由以下因素构成：对各种财经纪律和财经制度的了解和熟悉；对经济管理活动和财务工作的专业知识的掌握，如预算、核算、计划、分析、统计、价格、货币、金融和税收等方面的知识；具有一定的财务工作能力，如财务分析能力、编制财务预算能力、稽核和运算能力、管理货币资金和资产的能力、清点货币及识别真假货币能力等；能够运用现代计算机技术来进行财务管理工作的能力，财务人员必须在掌握一些常规的计算机操作技能如录入、查询、打印之外，还应结合财务管理工作的特点，进行有关财务软件的简单维护。

三、高校财务人员必须具备的专业素质

高等学校的财务人员是广大财务工作者中的一个特殊的群体，这个群体由于其工作环境和服务对象的特殊性，他们的专业素质必须高于一般的财务人员。众所周知，高等学府

是一个人才济济的教育机构，在高等教育处于精英教育的年代，在高校中，无论是教师还是学生，都是社会精英。在高等教育进入大众教育时代之后，虽然不能说高等学校的师生个个都是社会精英，但他们都是受过高等教育或正在接受高等教育的具有较高文化素质的人才，一般都具有较强的自尊心，特别是一些学历高、职称高的教师，在为人处世方面，非常清高。高校财务人员在财务管理工作中，在为高校师生服务的过程中，必须具备更强的服务意识和沟通能力，必须具有更加耐心更加细致的服务态度。

高校财务人员与其他社会机构中的财务人员不同，他们不仅只是一个财务工作者，同时他们还是一个教育工作者。如果说高校的教学人员是一个教学育人者，高校管理人员是一个管理育人者，那么，高校财务人员则是一个服务育人者。高校财务人员在财务管理工作中表现出来的服务质量和服务态度，是一种对大学生的健康成长既能产生积极作用也会产生消极作用的影响。一个大学新生在入学缴费过程中，如果受到财务人员热情周到、细致耐心和服务，可能使这位学生很快就对自己将来就读的学校产生良好的印象，反之亦然。所以，在高校财务人员的职业道德中，不仅要有良好的服务意识，更要有强烈的育人意识，要履行一个教育者的职责。

在我国许多高校，尤其是在进入"985工程"和"211工程"的高校，有较多的外籍教师和留学生，这些外籍教师和学生，也是高校财务人员的服务对象。根据这种工作需要，高校财务人员还必须掌握一定的外语知识和运用外语进行交流的能力。

针对高校这种特殊的工作环境和高校师生这种特殊的服务对象，高校财务人员必须具备高于一般财务人员的职业道德和职业才能。根据高校财务工作和高校教育工作的需要，高校财务人员必须具备高尚的奉献精神、热情的服务意识、强烈的育人意识、认真的工作态度、严谨的法制意识、廉洁奉公的自律意识和高度的责任感。这七种因素是高校财务人员职业道德的主要内容。高校财务人员的职业才能包括专业知识和专业能力两个方面。高校财务人员应具备扎实深厚的专业知识，掌握国内国际通行的财务会计、管理会计、审计等知识；掌握财政、金融、国际贸易、人力资源管理等方面的知识；掌握一定的外语知识，随着外籍师生的增多和高校财务与国内外市场的接轨，迫切要求高校财务人员至少要掌握一门以上的外国语言，并达到能熟练地用外语进行会话交流的水平。高校财务人员除了必须具备一般财务人员必须具备的财务工作能力之外，还必须具备一定的教育能力，大学生既是高校财务人员的服务对象，同时又是财务人员的教育对象。高校财务人员在财务管理活动及其他活动中，要言传身教，为大学生的健康成长发挥积极作用。高校财务人员还必须具有良好的沟通能力，要善于与高知识群体即高校师生进行良好的沟通，与外籍师生进行沟通。总之，高校财务人员只有在形成良好的职业道德和职业才能的前提下，才能取得优异的工作业绩，才能履行服务育人的神圣职责。

第二节　财务集约化模式下财务人员培训标准

本节立足工作实际，在对财务人员分类的基础上，搭建了财务人员的能力分析表，并针对财务不同岗位知识与技能需求，对课程进行合理的分布与组合，梳理课程之间的逻辑关系，形成分层、分类的课程体系，构建形成财务培训标准体系。

一、划分财务人员的类别

依据《中华人民共和国会计法》《企业财务会计报告条例》《企业财务通则》《企业会计准则》《企业会计准则—应用指南》《会计专业职务试行条例》《国家电网公司会计核算办法》《国家电网公司财务集约化管理实施方案》《国家电网公司财务集约化管理完善提升工作方案（2013 年版）》及其他相关法律、法规和政策规定，财务人员在企业经济运行全过程中，对事前的筹划与预算、事中的核算与监督、事后的分析与评价都有全方位地操作与参与，从中可看出，财务人员除应具有财务知识外，同时必须具备管理、资本运作、风险防范、计算机操作与应用等诸多方面的知识，对财务人员的要求是越来越高。同时对于具体的岗位，因其工作性质不同、任务不同、内容不同、范围不同，权责应是有差异的。依据财务人员应具备的职业能力，将其划分为三级。

（1）Ⅰ级财务人员。新进财务人员，以及其他具有财经初级职称及以下职业资格人员为Ⅰ级，其行为表现是能够完成初级工作任务。

（2）Ⅱ级财务人员。一般财务人员，以及其他具有财经中级职称人员为Ⅱ级，其行为表现是能够独立完成工作要项中较复杂的工作任务。

（3）Ⅲ级财务人员。财务负责人或会计主管以及其他具有财经高级职称及以上职业资格人员为Ⅲ级，其行为表现是在能够独立完成工作要项中复杂工作任务的同时，解释、处理工作中的疑难问题，组织、领导、管理财务工作。

二、财务人员的能力分析

Ⅰ级财务人员能力分析。Ⅰ级财务人员能胜任会计辅助操作人员岗位，是最基本、最基层的财会人员岗位，如出纳、综合与档案管理岗位。本级财务人员应当掌握会计基础知识、单位主要经济业务事项的账务处理等内容；掌握金融、税收、财经法规知识；熟悉计算机基本知识、掌握电算化基本流程、应收／应付账款核算、工资核算模块、固定资产核算模块账务处理等基本操作。

Ⅱ级财务人员能力分析。Ⅱ级财务人员能胜任专项独立业务操作岗位，如固定资产管理、税务管理岗位。本级财务人员应当能够胜任会计基本操作能力，能够独立处理一般会计业务，协助会计主管完成相关财务、会计工作，较为系统地掌握会计实务原理和专业知识，熟悉财务管理的基本原理，并正确执行基本的财经法律制度。

Ⅲ级财务人员能力分析。Ⅲ级财务人员能胜任综合性业务管理岗位，如负责人、财务稽核岗位。本级财务人员应具有扎实的财务会计理论功底，具有较高的政策水平和丰富的财务会计工作经验，应当能够独立领导和组织开展本单位财务会计工作，熟悉并能正确组织执行财经法律制度，制定本单位会计工作方案与办法，参与单位经营管理，能够对单位重大财务事项进行独立、合理的职业判断，能够协助单位负责人完成单位财务会计等相关工作。

构建财务人员的能力分析表。基于上述财务专业职业能力分析，搭建了财务通用能力模块、专业能力模块、操作能力模块和专业拓展等模块，并针对财务负责人或会计主管培训体系建设增设专业拓展模块。

财务通用能力模块，是财务人员胜任日常工作所必需的通用管理能力，它是一种普适性且主要是技能层面的工作能力要求。促进有效工作的财务通用能力一般包括四个方面：基础知识、思维与表达、组织与协调、职业素养。

专业能力模块，是财务人员应具有专业性的胜任力要求，即针对不同岗位的职业化素质要求，它既涉及外在的专业性知识和技能，也涉及内在的职业化素养与道德，一个具备专业能力的财务人员才是一名真正的职业化人才。依据《国家电网公司财务集约化管理实施方案》财务人员岗位设置的要求，将专业能力分为九个方面：预算管理、基建工程、稽核评价、会计核算、电价管理、税收管理、出纳、资金管理、资产管理。并根据各岗位的岗位说明书中对知识和能力的要求，以及该岗位对人员素质的特殊要求确定专业能力。

操作能力模块，是财务人员应具有实际动手操作能力要求，包括基本技能和专业技能。基本技能主要涵盖计算机操作的基本技能，一般包括计算机基础、数据库、办公自动化应用和公文处理系统；专业技能是指财务相关软件的操作技能，包括会计电算化、ERP、财务管控、电子商务和网络安全与管理等。

专业拓展模块，是针对财务负责人或会计主管增设的模块，包括个人能力和专业特色。个人能力包括前瞻性知识、学习能力、应变能力、视野能力、创新能力和决策能力；专业特色包括职业判断能力、沟通协调能力、领导艺术与方法和综合控制能力。专业拓展模块随着时代的变迁，其内容会不断地扩充和更新变化。

三、确定财务人员的培训内容及要求

《财务专业培训标准》按层次建立不同级别培训标准，培训内容要求呈现阶梯形。Ⅰ级财务人员培训课程使新进员工能快速熟悉工作，掌握岗位所需知识、技能，满足岗位基本要求；Ⅱ、Ⅲ级财务人员培训课程使财务专业人员持续成长，不断向岗位绩优标杆靠拢。只有这样的培训课程标准才能够具有培养发展财务人员的可操作性，针对性强，而且连贯成体系，也使个人发展有方向，同时有助于公司人才梯队的建设。

这种阶梯递进型的培训内容要求，通过两种方式实现。第一，通过培训课程本身的难易程度来确定不同级别财务人员培训内容要求的差异。比如：对Ⅰ级财务人员设置《会计基础》课程，Ⅱ级财务人员设置《会计核算》课程，Ⅲ级财务人员设置《审计》课程。这种安排正是基于课程之间本身的逻辑关系，只有学习了《会计基础》的前提下，才能展开学习《会计核算》的内容；在较好地掌握会计核算的内容，明确会计业务、账务处理、会计报表之间的内在联系的基础上，才能理解和掌握《审计》的思路和脉络。第二，是对课程内容进行合理的分解，划分了层级。例如：《税收管理》的课程内容涉及Ⅰ、Ⅱ、Ⅲ级财务人员应掌握的内容。Ⅰ级财务人员主要掌握税收和税法概述以及发票管理办法，Ⅱ级财务人员主要掌握增值税、消费税、营业税、企业所得税、个人所得税、税收征管法的内容，Ⅲ级财务人员则应掌握税务筹划的原理和方法。

在财务专业培训标准中，以财务集约化中设定的专业岗位为参照，针对不同岗位知识与技能需求，进行培训课程名称、课程目标、课程内容、培训方式等安排。依据不同发展阶段上的财务人员特点和需要，对课程进行合理的分布与组合，梳理课程之间的逻辑关系，形成分层、分类的课程体系。

四、制定财务人员培训课程标准

培训课程标准是规定某一培训课程的课程性质、课程目标、内容目标、实施建议的教学指导性文件。根据三级财务人员培训课程体系，对每个课程的内容进行设计和定义，具体内容包括：课程名称、类别、培训学时、课程目标、课程内容、培训对象、培训方式、考核方式、课程实施建议等。

制定财务人员培训课程标准的目的在于规范财务人员的培训，提高财务人员的胜任力水平，提升财务人员的绩效表现，以满足组织现有的业务需求。与此同时，根据行业与市场的未来发展，前瞻性地为实现未来的人力资源战略实施奠定基础，也满足了财务人员自我发展的需求，提升其在组织内的职业竞争力，它是满足企业和财务人员双方需求的行为，是调动财务人员积极性的有效做法。

财务专业培训标准是公司系统开展财务人员培训的工作标准，也是开发模块化培训教材及配套题库和建立标准化培训课程体系的依据，亦可作为财务人员职业能力分级评价的参照标准。同时，搭建财务培训标准，也能充分发挥培训长效机制的作用，达到提升专业能力和职业素养的目的。

第三节　关于完善企业财务人员培训体系的构想

培训体系对企业来讲非常重要，尤其是科学、合理、系统的培训体系是企业经营管理的重要保障。财务人员培训是培训体系的重要组成部分，是国家电网公司实现财务管理科学精益的基础。但是随着企业的飞速发展和竞争越来越激烈，现有的财务培训管理要求也越来越高，科学培训管理体系的建立已经势在必行。

一、企业财务人员培训情况现状

对内部人才培训缺乏重视。随着企业的发展，以人为本的理念深入企业，越来越多的企业开始大力引进外来人才，但是却忽视了企业内部人才的储备和培养，缺乏系统科学的人才培训。

培训经费投入不足。正是由于对人才培训的不够重视，从而导致在经费投入上，过多的注重有形资产的投入，对人力资源的无形投入相对较少，这不利于企业健康快速的发展。

培训缺乏专业性和系统性。部分企业的培训只重视业务知识，以短期性培训和岗位化培训为主，没有形成一个系统的长效的培训机制，有的培训甚至专业性不够。同时，部分企业没有专门负责培训的机构，聘请的培训老师没有针对性或者不够专业。另外，培训方法也比较单一，缺乏创新。大部分企业没有形成一个长期的有效的培训规划，这不利于企业人才的培养，不利于企业的发展。

二、树立正确的培训理念，突出培训的作用

要解决企业财务人员培训存在的问题，最关键的是要树立正确的培训理念，认识到培训的重要性。要让培训学习成为企业文化的一部分，让企业向学习组织型企业发展，并且把培训贯穿于企业发展的始终。总而言之，企业从上到下都要正确认识培训，重视培训，树立正确的培训学习理念。

首先，作为企业的高层管理人员，在人才培训中起着主导作用。对于培训体系的创建、培训经费的投入高层管理者要给予高度的支持。同时，还要加强与企业内部各层员工的沟通，为企业培训创造良好的氛围。

其次，中层管理人员是企业的中枢。中层管理者在企业起到了承上启下的重要作用，也是企业培训的具体执行者，是整个企业培训成功与否的关键，需要密切配合企业内部上下完成培训工作，并且能及时反馈和解决培训过程中存在的问题。

最后，加强企业内部沟通，了解员工反馈意见。企业培训要符合员工的实际，让员工积极接受，而不是被动接受，这需要企业加强员工培训的激励，及时加强与员工的沟通，提高培训质量。

三、构建财务人员培训体系

针对财务人员培训存在的问题，构建基于战略导向的财务人员培训体系已经成为当务之急。

实施战略导向的员工培训必要性。企业战略就是通过获得独特的资源来取得竞争的优势，是从长远的角度考虑。从战略导向的角度出发构建的培训体系，有利于把提高企业培

训的质量和层次。同时，还可以使培训与企业的发展相适应，突出企业的企业文化和为人为本的理念，达到良好的培训效果。通过战略导向的培训体系的构建还可以提高财务工作人员的满意度和团结力，提高企业的综合竞争力。

基于战略导向的财务人员培训体系构建。在企业发展的总体战略的基础上构建的财务人员培训体系，主要包括四个步骤：分析培训需求、制订培训计划、实施培训计划、评估培训结果。

（1）分析培训需求。培训需求的分析是建立有效的财务人才培训体系的首要环节，也是基础环节。根据培训的相关理论，可以总结需求分析主要可以从以下三分方面做起：企业战略分析、任务分析和员工个人分析。

企业战略分析是培训需求分析的前提。通过战略分析主要是确定未来人才培训的方向和重点，从而实现企业发展与人才培训的有效结合，保证构建的人才培训体系更好地为企业发展服务。

任务分析主要是指确定财务人员为了实现理想的工作业绩，必须要掌握的相关技能和要提高的能力。任务分析的结果决定了培训的具体内容。该分析需要通过对相关收集信息和数据进行整理、加工、分析，从而确定理想的财务工作人员必须掌握的知识、技能。常见的数据和信息主要包括：服务质量报告、客户反馈情况、职位职责说明书、日常工作规范以及公司的规章制度等。

员工个人分析是指将财务人员个人实际绩效情况与绩效标准对员工技能要求的差距进行分析，通过比较发现两者是否存在差距。常用的方法主要是问卷调查法、技能测试等方法。员工分析为培训效果的评价提供了参考依据。

（2）制订培训计划。培训计划是一种预先的规划与设计，通过对培训需求进行分析之后，设计出详细的培训的目标、目的、对象人员、过程、组织者、方式方法、手段等。培训计划的制订必须遵循一定的基本原则：第一，培训需求导向原则。培训需求分析所得相关信息是培训计划制订的前提和依据。如财务人员的学历情况、职称等级情况、年龄结构等。这些信息的分析可以为培训计划的制订提供第一手的资料参考。制订的培训计划具有实际应用性和切实可行性；第二，企业发展目标导向原则。企业开展培训最终目的促进企业的进一步可持续发展，获得更多的利润。通过培训，可以提高财务人员的综合素质和能力，提供工作效率，才能为企业的长远发展贡献每一个人的力量。因此，要制订合理的人才培训计划，为企业发展的培养更多的高素质的高效率的人才，助推企业发展；第三，要以可以支配的资源为依据。我们常见的培训资源包括的内容很多，比如培训设施、师资力量、资金等，这是培训实施的基础保证，因此，只有具备充足的培训资源，才能保证培训计划的落实。

（3）实施培训计划。培训计划的实施与培训计划的制订相比，更加困难，因此，培训计划的实施执行是培训体系的重要保障。因此，在计划的实施过程中，我们需要注意两个重要方面：

第一，要明确培训责任。财务人员培训效果除了与前期的培训需求分析有关之外，最重要的就是培训过程的组织实施。因此，在培训的实施过程中，要明确责任，明确分工，保证培训工作的顺利有序的进行，否则会影响员工对培训的期望和热情，从而影响整个培训工作的正常进行。尤其是培训主管部门要设置固定的培训负责人，并且制定相关的规章制度来督导计划的执行，这样才能保证人才培训工作持续有效的推进。

第二，要选择正确的合适的培训方法。培训方法是指为了有效地实现培训目标而采用的手段和方法，培训方法的选择需要与培训需求、内容、对象等相适应，针对不同对象有不同的培训要求和目标，因此，培训方法的选择很重要，往往会影响培训的效果，尤其是要选择适合员工和符合公司要求的培训方法，在培训中，应根据不同的课程、不同的对象、不同的需求采用不同的培训方法。

（4）培训效果评估。培训效果评估我们借鉴美国专家柯克帕特里克的培训效果四级评价模型法。该模型主要由四级组成，分别是反应层面、学习层面、行为层、结构层。

第一层评估为反应层面。主要是评估学员队培训讲师的认可度，培训内容的适合度。常用的方法就是问卷调查法。

第二层评估为学习层面。主要是检验受培训人员对培训内容的掌握程度。常用的方法就是书面考试或者学习心得报告。

第三层评估为行为层。主要是考核学员是否将培训的知识和技能应用到工作中，常用的方法是绩效考核。

第四层评估为结果层。这类评估主要考核通过培训是否能对企业的经营管理产生影响，该层面的内容是企业培训员工的最终目的。

对培训效果的评估即是培训体系的最后一个环节，也是最关键的一环、通过对培训结果的评估，企业培训负责部门可以及时的发现培训存在的问题，以便及时改进具体培训环节，从而使整个培训体系更加的完善，促进企业人力资源的管理，保证企业有序健康发展。

第四节　民营企业财务人员培训管理探析

民营企业应该加强对财务人员培训，提升财务人员职业技术能力，才能让财务人员为民营企业提供良好服务，保证企业良好运转。目前财务培训形式单一，缺少互动性。建立合理的财务人员培训制度和完善的财务人员培训体系，使财务培训课程丰富多样化，才能达到财务人员培训预期的效果。本节从当前经济形势分析，提出民营企业应该注重财务人员培训，并在分析民营企业对财务培训工作中存在问题的基础上，提出完善民营企业财务人员培训管理的对策建议。

当前，我国经济已经进入高速增长阶段，并且全球经济一体化不断地深入，所以对民营业企业的财务人员提出更高要求。随着我国经济形式日趋复杂化，新生事物不断产生，新的经济形式对会计制度提出新的要求，从而使得财务专业和技术越来越复杂。财务人员不但要有丰富的会计专业知识、丰富审计知识及国际财务管理新的观念和方法，而且要具有良好的职业判断能力。民营企业要通过不间断地加强财务人员培训，才能保证财务人员不断提高财务的职业判断能力和适应能力，才能更好地适应我国经济环境和国际经济环境的变化和要求。财务人员不但要具有专业财务知识，还应掌握国家经济法和税法知识、金融知识、财务相关法律法规，同时增长财务管理技能；并且不断掌握并完善财务软件和大数据操作及运用。

一、民营企业财务人员培训重要性

适应中国经济高增加和全球经济一体化的需求。当今中国已经进入知识经济爆发时代，随着民营企业经济活动逐渐趋于复杂化，财务部门作为企业的核心部门，必须合理精确地、真实地反应企业经营经济活动和经济效益。民营企业面临新的经济时代，财务人员综合素质已经不能很好适应这个环境，存在很多问题需要我们不断去思考调整知识结构。随着中国经济逐渐进入全球经济体系，要求我国会计准则、会计制度与国际惯例充分协调，按符合照国际形势变化去合作。财务人员不但要具备和掌握扎实的会计专业知识，而且要对国际会计、审计知识及国际会计管理观念、方法具有强大的理解力。民营企业只有通过对财务人员持续培训，才能让财务人员保证职业的岗位胜任能力和职业判断能力，为民营企业更好的服务，保证企业进行良好地运转。

民营企业财务人员队伍总体素质偏低，有待提高综合素质。民营企业的财务人员虽然具备一定的专业知识和专业技能，但理财观念滞后，理财方法落后，习惯地一切听从领导，缺乏掌握知识的主动性，缺乏创新精神和创新能力，会计监督意识淡漠，导致会计基础工作薄弱；另外，财务从业人员年龄结构，知识结构搭配不合理，知识更新速度比较慢，甚至还存在任人唯亲，无证上岗，导致会计核算和财务管理水平低。综合上述现象，总体体现了民营企业人员素质偏低。但是实际上财务工作是技术性和专业性要求较高的工作，民营企业财务人员的素质直接关系到提供给民营企业领导者财务信息是否精确，由于这些财务信息指导并影响民营企业领导者做出正确的经营决策。因此，只能通过不断地财务培训，拓宽财务人员的知识结构，增强综合素质，优化财务人员队伍结构，这样才能为民营企业的发展出谋划策。

遵守国家法律法规及会计各项新准则贯彻执行的需要。随着我国经济形势日趋变化，原先的会计准则已经不适应新的经济形式，所以不断推出新的的财务制度、准则和财务法律法规。这些新的规则执行，要求财务人员不断学习新的财务制度和准则能熟练掌握，合理灵活地对财务和企业的经营业务进行正确的职业判断。另外，加强财务人员本身思想职业道德培训适应国家法律法规的需要。

二、民营企业财务人员培训工作存在的问题

民营企业管理者对财务教育培训工作重视不够。民营企业负责人认为培训费投入是会

增加企业经济负担，财务会计知识技术含量比较低，原来具备的知识足以胜任现在工作岗位，新会计政策变更、新内容靠自学也能解决，财务人员培训方面，民营企业方面认为财务人员培训既占用企业的时间，又占用企业的经费，所以根本没有将财务人员培训归入民营企业的人力资源培训范畴。

民营企业财务人员对自身财务培训存在错误的认识。民企财务人员自己对财务培训没有相应足够认识和缺乏对培训工作重视。由于民营企业自身企业管理模式，作为家族企业，在用人方面和奖励机制方面有所偏差，"任人唯亲，家长式"的用人机制，造成财务人员普遍存在财务培训在此处没有任何用处等错误观念，从而对参加财务培训没有兴趣，还有抵触感。

民营企业财务人员培训形式过于单一，培训效果不佳。当前财务培训教学方法还是利用传统的手段，使得财务培训没有活力，目前财务人员教育培训主要还是老师方面授课，培训老师讲课，学员听课，各干各的，传统教学方法降低了财务人员互动能力，培养不了财务人员学习的主动能力和创新能力性和创造性，缺乏互动性，不能形成有机结合，极少运用现代技术来辅助教学，传统教学方式让财务人员感到枯燥乏味，严重影响培训效果。

培训内容和培训对象比较单一，造成培训内容和实际工作岗位内容相互脱节，很难达到"工作和实际相结合，提高工作能力"的预期。

对培训机构和财务人员缺乏检查、考核和评价。当前财务人员培训安排后，就当大事完结，缺乏对培训机构在培训过程中检查，培训接受进行考查及评价，作为以后培训活动的参考。现在民营企业财务人员培训教育市场尚未完全开放、培训机构退出机制还未建立的情况下，这个尤为重要。往往培训课程结束就结束，没有对参加培训财务人员进行评价，并且和他们绩效考核挂钩，成绩优秀者，有所奖励。

三、完善民营企业财务人员培训管理的对策建议

提高认识，建立合理的财务人员培训制度。民营企业的财务部门作为企业核心部门，财务部门负责人要对财务人员培训制度提升到管理制度之中，让民营企业负责人必须转变观念并高度重视财务人员的培训。给予必要的经费投入、时间安排，把财务人员培训纳入人力资源培训范畴。

完善民营企业财务人员培训制度。首先，建立财务人员培训选拔制度。制定财务人员培训特定项目，选择合适财务培训人员。有利于争取最短时间达到最强培训效果，主动调动财务人员参加培训的积极性，选择财务人员培训对象必须考虑财务人员掌握培训内容的能力，在工作岗位上应用所学习内容的能力。这个同时是激励财务人员的问题，又是重要提高工作效率问题。在选择对象上可以采用自愿报名后，择优录取等方式实施。

其次，建立财务人员培训激励制度。把培训、考核、晋升、薪酬有机地结合起来，调动财务人员参加培训的积极性。如有学历证书财务培训作为对优秀财务人员的激励，以稳定民营企业的财务管理骨干力量，如果民营企业条件比较富裕把实用性培训作为对骨干财

务人员的奖励和激励，让财务人员刚到民营企业对他们工作是肯定的，并且是重视的，是值得企业去培养他们的，增加他们对未来和企业共患难共发展的信心。

制订详细的培训计划。首先，合理锁定财务人员培训目标。培训目标的设置是通过对财务人员和民营企业具体生产和经营内容相互结合分析，明确了财务人员将来财务岗位轮岗、升职和财务人员个人的工作发展规划与企业发展相结合，而制定培训目标。明确培训目标后，才能确定培训具体内容，在财务培训以后，对财务培训目标进行及时的效果评估。培训后就要求财务人员通过财务培训掌握有效的知识和技能，能更好为企业提供更良好的服务，所以要以培训需求分析为基础的，通过需求分析，了解财务人员的现状，知道财务人员应该具有哪些知识和技能，而企业发展需要具有什么样的知识和技能的员工。明确财务人员现有能力与当前财务职能的差异，以此确定培训目标，是的培训目标更明朗化，更容易操作。

其次，合理确定财务培训内容。锁定财务培训目标后，制定财务培训预期的期望值，根据以上预期，制定财务培训内容。尽管当前具体的培训内容千差万别，应根据各个培训内容层次的特点和培训需求分析来选择培训内容。培训内容可以分为专业知识、素质教育、会计新政策变化等，按照不同时期，不定时的对财务人员加强培训，从而达到培训的预期。

丰富财务人员培训方式。财务人员的培训方式可以根据实际情况多样化发展。首先，可以根据财务人员岗位变化要提高在岗人员的职业技术水平。采用聘请专业讲师对负责工作财务人员进行专题的培训。其次，采用导师带徒方式。对新进财务人员、岗位轮换、缺乏岗位经历或者岗位情况不熟的财务员工，可以采用特定到时带徒，通过带岗者的言传身教，使得财务人员获得实践经验，同时大量节约资金成本和时间成本。其他还可以采用的培训方法为网络培训、经验交流、案例讨论分析等方法，从而激发财务人员对培训教育产生浓厚的兴趣，提高财务培训的效果。

做好财务培训的评估。首先，培训机构进行评估检查。可以做制作调查问卷，让财务培训学员对培训内容和形式，讲师做出是否满意评价并提出相应意见。其次，培训结束，对参加培训财务人员的成绩做出考核及评价，对于成绩优秀者，并且和薪酬奖励、岗位晋升相结合，调动财务人员积极性，财务人员能力提升后能更好地适应高一层次的工作，为企业更好地服务。

第二章 财务人员专业胜任能力

第一节 财务人员专业胜任能力框架研究

为了建立更好的财务稳定发展系统，推动财务人才的成长与发展，保证社会对财务人员的需要，更新、丰富财务人才能力体系十分必要。通过调查和总结，了解各个层级财务人员对自身胜任能力和岗位的要求，分析了不同层次财务人员的基本胜任要求。

随着我国经济的发展，财务人员胜任能力的要求不断增加。财务人员在满足现阶段行业基本要求的同时，还要满足社会对财务人员的基本需要。我国财务人员众多，可以从事财务方面工作的人员数量非常庞大，但是其中的高端人才较少，低层次的财务人才供过于求。

一、研究背景

我国经济发展速度不断加快，企事业单位的内外部环境变化都较大。面对这种复杂的环境，各个单位对风险的认识和了解加深，对财务人员的重视程度不断增加。在发展的大环境下，企业的机遇不断增加，要求财务人员完善自身的能力，面对多变的环境。这就意味着只会算账和编制报表的财务人才已经不能满足现阶段经济发展的需求，不符合企业在招聘财务人才时对财务人员能力的严格要求。企事业单位未来需要的必将是既懂得财务知识，又懂得企业经营的综合型人才。只有这样的人才才能适应社会经济的发展。

二、研究意义

经济建设速度加快，对财务人员能力的要求也随之提升。在研究财务人员基本工作能力和方式的前提下，对市场和财务人员进行了调查。根据市场需求和能力本位的原则，分析我国财务人员应该具备的能力水平和工作胜任力，为我国财务人才专业胜任力框架的完善提供理论和现实依据，也为今后从事该方面工作的人员提供参考。

财务人员的能力建立在现实工作能力的基础上。对各层次人员建立相应的考核和分析标准，可以对人才培养和自我完善方面起促进作用，对财务人员了解自身的水平和不足有很大帮助，有利于财务人员寻找解决问题的途径，规划自身的职业生涯，寻找自己在企业中的定位，分析自己应该从在哪些方面努力和学习，进而提高自我价值。可以为财会管理部门在职业资格的准入考试和后续培训考核提供参考。

三、研究进展

随着经济发展对财务人才要求的提高，可以通过判断个人的人格、智力、价值观，分析个人的基本能力，但是这些难以体现在个人的工作中。建立切实影响个人工作绩效的评价体系，将工作人员本身的素质和工作能力要求的基本特质称为胜任力。这种胜任力可以评价考核工作人员优秀与否。

财务人才专业能力是指专业知识、技术、价值、道德和态度，这些能力是一个优秀财务人员所具备的具体岗位职能。财务人才的胜任能力指财务人员在工作中达到的真实性环境效果，制定相应的考核指标，考核财务人员的能力，包括财务人员相应工作领域的考核。同时，要加深考核的宽度，拓宽广度，从而达到多方位考核的目的。考核通过后，可以认为其具备了胜任能力，即该财务人才是专业胜任的。

胜任能力由两种因素构成：一般因素是员工的体能和智能因素，这种因素决定员工是否可以完成相应的工作；特殊因素是指完成特殊智力活动所具有的，这种因素因各种工作的性质不同而有所不同，根据能力的不同可以设定相应的指标。

20世纪，国外先于我国对财务人员的胜任能力进行了相应的考评和分析，美国、加拿大、英国和国际会计师联合会等国家和组织，都对财务人才专业胜任能力框架的构建和评价的研究成果进行了完善。国外学者研究的主要方向为分析各职业机构的研究结论，从而变革财会人员的教育框架、教学内容及方法。国际上对财务人员的胜任能力提出了包括技能和知识在内的两大要求，其中知识不只包括一般知识，同时也包括与岗位相适应的各种知识。胜任力还包括技能胜任力，技能既是适应本岗位要求的技能，同时也是对个人适应社会财务技能发展的要求，要求从业者不断更新并提升自己的能力。

国内研究方面在研究财务人才胜任能力的同时，对人员的交际能力等方面也进行了十分广泛的分析。我国引入财务人才评价制度后，对我国的实际国情进行分析研究，在中层财务人员胜任能力的评价中，财务人员在具备操作、判断和应变能力的同时，应该具备一定的管理和控制能力。这就将我国的财务人才分为了不同的等级，有些只适合进行低层次的服务，有些能适应社会需要开展更广泛的工作。

四、财务人才专业胜任能力指标分析

（1）对专业知识的分析。财务从业人员需要了解财务会计与报告、管理会计、财务管理、税务和审计等方向的基础知识，同时还要了解从业所必需的专业基础知识，这是财务人员的核心基础。只有具备这些知识，才能成为一个合格的财务人员。会计财务人才除了具备基础知识外，还要牢固掌握先进的会计以及与会计有关的知识与技术，应虚心学习和吸纳本领域的优秀知识和技术，更好地从事财务服务工作。

（2）对法律知识的分析。我国的财务问题频出，其根源是财务人员没有认识到财务工作的重要性，同时也将个人与企业的发展分开，没有掌握相应的基础法律知识。在经营过程中，财务人员的所有行为必须符合法律法规。这样在企业的财务管理中，财务人员才能更好地在符合法律的前提下为企业节约成本，减少损失。尤其是在企业用人和招聘的过程中，更应该对人员的基本法律常识进行一定的考量。

（3）智力能力。这种技能包括职业判断能力、分析问题能力和解决问题能力。面对日益变化的社会，一个良好的财务人员必须审时度势地分析现在的财务情况，为企事业单位提供合理的建议。财务人才需要评估项目的风险和收益，为企业趋利避害。通过分析问题的根源，结合财务的基本知识，找出最合理、最经济的方案。高层次的财务人员更需要对公司的投资、经营、管理等方面存在的问题提出相应的解决办法。

（4）财务管理人员要有相应的组织能力。具备组织能力是财务人员开展企业财务相关组织工作的前提，对中高层人员来说尤为重要。在预算过程中，对企业基本的运行和资本的合理分配等方面都需要进行认真分析，同时要具备统筹计划的能力，做好公司的统筹计划工作和预算决算工作，保证企业资金能够高效运转。中高层管理人员可以领导财务经理、财务总监等人员开展相应的工作，规划职业生涯，提升整个团队解决问题的能力，挖掘和激发人才潜在的能力，为企业培养优质的财务人才队伍，增加企业的人才资本价值。

（5）有职业价值观。财务人员既要有相应的技能，同时要有正确的价值观，有耐心和责任心，认真对待每一笔账，认真负责每一项业务。高层次人员更应关注社会问题，回馈社会。财务是一个公司的核心，如果出现泄密，对公司的损失是无法估量的。企业制定战略的时候，财务战略是重中之重，财务信息的保密工作是关系企业计划能否顺利实施的重要环节。企业中有机会接触到关键财务信息的人，要进行保密培训，避免给企业造成不必要的损失。财会工作负责的面最广，财务人才要树立正确的价值观，树立正直、诚信、廉洁的理念，珍惜个人名誉，保持职业操守，遵循相关法律法规。

我国的财务问题出现在教育问题上，培养财务人员的过程中，如果不能进行专业的教育，未来从事相关工作会出现风险。我国财务人才胜任能力的分析中出现很多问题，要进一步调整课程体系，在培养技能的同时培养素质，增强学生自主学习的能力，从而提升人员的胜任能力。分析调整财务方面的课程，改变过去的培养考核模式，增加财务人员考核的广度和深度，发挥人员的主观能动性，提升自身的胜任力。加快建立岗位学习衔接制，使学生在学习的过程中就开始接受相应的考核，考核的模式要符合我国的国情。加强内外监管，建立财务人才诚信库，提升人员的自觉能力，用内部审计和外部审计相结合的方式考核财务人员的德能勤绩廉，综合分析财务人才的胜任力。据此加快我国财务人员胜任能力框架建设，对未来财务人员的考核和任用提供帮助。

第二节 浅谈财务会计人员如何提高专业素养

当前企业财务管理越来越重要，影响着企业的经济效益以及未来的长远发展，因此必须提升企业财务会计人员的专业素养。综合近些年来一些企业的财务案件，其中很多都和财务人员有着莫大的关联。因此，本节就如何提高财务会计人员的专业素养进行探讨，并提出一些好的建议。

随着国内外经济环境的变化，来自国内外的压力加剧了各企业之间的竞争。我国会计准则与国际会计准则的逐渐接轨，各类财税政策的不断更新，新方法新规则的运用，对我国现代企业的财务人员提出了更高的要求。要求财务人员必须要具备较高的专业理论水平、职业道德素养、专业技能、丰富的实践经验，以便能够适应不同的岗位需求。可见，提升企业财务人员的素质、解决企业现有的财务人员职业素养无法适应岗位需求的问题，已经成为制约大多数企业生存与发展的关键。

一、影响企业财务会计人员专业素养的主要问题

财务人员作为现代企业的财务执行人，主要负责企业的财务管理工作，因此，其水平的高低直接关系到企业财务管理工作的质量和水平的提升。目前，我国企业财务人员的素质问题主要表现在以下几方面：

缺乏完整的管理意识结构。财务管理意识主要是指担任财务管理工作的人员在其所处的环境、地位、相关行为制度约束的范畴下产生的一种自觉的财务管理心理活动。但是，就目前我国企业的财务人员管理意识来看，很多财务人员管理意识淡薄，认为"多一事不如少一事""不愿意管""不会管"，再加之缺乏先进的管理知识和管理经验，不能给领导提供准确，切实可行的建议，使得企业财务管理水平低效。另外，很多企业的财务管理人员还严重缺乏服务意识。很多财务人员不能积极、主动参与到企业的经营决策与战略发展的规划中，不能为企业内部管理水平的提升、经济效益的提升提供主动的服务。例如：有的企业的财务人员具有较强的职业优越感，觉得只要正确理解领导的意图就万事大吉，忽视了为其他各职能部门、为客户、为员工服务的意识。很多企业领导重销售，轻财务，重回款，轻管理；由于领导层的不重视，导致财务人员地位低下，有些好的制度不能有效执行。还有的因为待遇偏低，财务人员的自我提升意识淡漠，业务能力得不到加强，以至于企业收入增加，因为管理薄弱，不必要的费用增加，利润反而下降。

缺乏较强的法制意识和保密意识。随着我国法制社会的不断健全与完善，廉洁、自律的财务人员应恪尽职守，遵守国家相关的法律法规的规定，遵守职业道德，这是企业财务人员工作的基本出发点，这就要求企业的财务负责人应以身作则，成为下属及普通财务人员的榜样。因此，财务人员保守商业机密不仅是自己义不容辞的事情，也是应具备基本的

职业素养。但是，由于认识上存在的偏差，有的企业的财务人员并未对保密意识予以高度重视，还存在随意泄露企业财务信息的问题。

缺乏强烈的事业心、责任感。任何一个工作岗位都要求工作人员必须具备强烈的责任感和事业心，这也是每一个岗位员工做好本职工作的基本前提。但是在实际工作中，有的财务人员还存在"事不关己高高挂起"的心态，有的企业的财务管理人员在从事财务管理工作的同时缺乏足够的事业心、缺乏强烈的责任感，这也是导致现代企业财务管理水平得不到提升的一个主要因素。

业务处理能力存在问题。业务处理能力是企业的财务负责人对财务管理工作的胜任能力中的重要环节，很多财务管理活动的结果取决于企业财务负责人的职业判断和分析。而这种职业判断能力的高低将对经济业务的处理和决策的后果产生直接影响。很多企业的财务负责人工作经验在 10 年以上的人员较少，大部分缺乏实践经验，还有的单位财务负责人工作时间较长，但没有知识更新的愿望和习惯，致使观念陈旧，思维古板，这也就造成财务管理人员工作中不能得心应手的问题。

二、提升企业财务人员专业素养的有效途径

创建企业文化，增强财务人员管理意识。现代企业必须积极培育具备独具特色的企业文化，将开拓创新的企业精神、诚实守信的经营理念、未来发展方向以及团队协作和风险防范意识等灌输到每一名员工心中，（确保全体员工共同遵守），并在财务人员中强化竞争意识、服务意识、管理意识、人才意识、创新意识。例如：企业可以将印有企业文化内涵、经营理念的小册子发放到员工手中，并利用专门时间进行讲解，展开讨论和学习，对员工的学习心得和体会及时了解，对存在的问题及时反馈，根据反馈的内容采取相应的解决策略。

营造环境，谋求人才的可持续发展。企业要想留住人才就必须以真诚的心对待每一名员工，并在企业内部形成良好的、人性化的、具有较强凝聚力的人才可持续发展的氛围。只要企业能够向员工展示百分之百的诚意，就能保证人才在成就感、自身价值两方面实现双赢，充分体现出企业领导对财务人员的关心，使员工心中形成"工作要高薪，还要高兴"的心理状态，以此来谋求人才的可持续发展。

转变思想，积极开展思想政治和法制教育。随着市场经济的不断发展，人们的物质生活得到了满足，越是在这种物欲横流的时代，越是要高度关注财务人员的思想动态、职业道德、法律意识。因此，这就要求企业必须针对不同岗位的财务人员，定期或不定期开展多种形式的思想政治教育、职业道德教育、法制观念教育，例如：定期在财务人员中开展法制讲座，组织员工进行辩论，就国家某一时期的经济重大事件进行思想讨论等。

合理激励，用好"薪酬激励（机制）"这把双刃剑。公平、合理、科学、有效的薪酬激励机制是企业激发人才潜能的最佳途径，也是目前很多企业普遍采取的一种激励手段。但是，薪酬激励机制是一把"双刃剑"，只有运用好这把"双刃剑"才能真正发挥薪酬激

励机制对员工的积极作用，从而实现企业与员工双赢的效果。反之，如果这把双刃剑使用不当很可能出现与预期效果相差较远的效果。

总之，现代企业要想充分发挥财务人员在财务管理中的重要作用，就必须尽快提升财务人员的素质，适应企业财务管理提出的要求，为企业财务管理工作更上新台阶奠定基础。

第三节　提高高校财务人员的专业素质和工作能力

文章通过介绍高校财务人员面对的新形势和诱惑，强调其提高职业道德和工作能力的必要性和紧迫性，探讨高校财务人员应具备哪些素质和工作能力，讨论怎样提高高校财务人员的素质和工作能力，包括提高职业道德素质，强化法制观念，不断学习，不断实践，提高专业工作能力等。

一、高校财务人员提高素质和工作能力的必要性和紧迫性

（一）高校财务人员面对的新形势和诱惑

随着高等教育的迅猛发展，高校招生、办学规模不断扩大。教学研究设备和基建工程人员薪酬等经费大幅增加，资金需求、营运周转数额加大。除国家财政外，高校还利用银行信贷与企业合作办学，接受风险投资等投资机构资金，资金来源和用途变得日益多样化，其使用收益和分配也日益复杂，原有的行政事业预算会计核算已不能适应高校的经济业务，很多现代财务、金融、管理等会计核算方法在高校新的经济业务中日益采用。另外，高校建设速度和规模加快，提高对财务管理挖掘资金使用效益的要求，不仅需要高校财务人员做好核算工作，更要有效益分析等管理工作能力。

然而，近年来，高校腐败案件频发。据新闻媒体报道，近五年来，全国教育系统职务犯罪案件数中，高校职务犯罪案件数要占比例约为1/4，八成多的案件集中在后勤服务、招生、财务、采购、基建等领域环节。从岗位上统计，高校职务犯罪主要集中在高校领导、财务主管人员和后勤管理人员手中。

（二）高校财务人员提高职业道德操守的必要性

我国大学体制的日益行政化，机构"衙门化"，内部治理结构缺乏，高校职务犯罪频发，高校财务人员的工作环境日益复杂敏感。在这种环境下，为了遏制杜绝高校职务犯罪，保证高校财务廉洁公开，提高资金使用效益水平，对高校财务人员的素质和工作能力有了更高的要求。

二、高校财务人员应具备的素质和工作能力

（一）职业道德和法制观念

财务职业道德和法制观念促使高校财务人员能够设置防线，自觉抵制来自各方面的利益诱惑，利用职业道德和财经法纪保护自己，面对权势和偏见有抗争能力，确保财务核算管理成果准确客观，如实公允地反映高校的资金使用情况和财务资产状况。

（二）专业能力

1. 会计核算能力

应熟悉新的会计制度、准则和补充说明，熟悉相关的金融、财税知识等相关专业知识，应当具备会计师职称，熟练掌握各种财务核算方法和建账、记账、报表等处理流程。

2. 财务分析和理财规划能力

应当准确测算每个项目支出的风险水平和预期收益；编制资金需求表、财务预算表，做好财务资金使用计划；及时发现资金使用效益不足之处，因地制宜改变筹资来源和使用资金方式，降低财务成本。

3. 参与管理决策能力

应当利用财务工作成果和财经金融管理等知识，积极为高校领导和相关方提供数据和分析结论，进而为高校领导和管理层提供建议，参与高校财务管理决策。

4. 外语水平

随着高校财务涉外业务日益增多，发生涉及使用外语记载的票据、外国留学生和交流人员办理相关事宜、融资拨款方面的外文资料等情况，需要高校财务人员懂外语，读懂票据资料内容，能与外国人员沟通，按照国际会计准则等有关规定进行财务审核等，才能适应工作中的涉外业务和情况。

（三）计算机操作水平

高校财务人员，应掌握财务软件的使用、简单调试和数据维护，应熟悉常用办公软件和统计分析软件如 office、spss 等的使用，还要有一定的电脑硬件、IT 信息、internet 网络的基础知识，这样才能在电算化工作环境中做到游刃有余。

（四）沟通协调能力

高校财务人员应当采用不同的方式方法，与高校各方利益主体进行良好的沟通协调，考虑各方的态度感受，得到各方的配合和支持，达到工作"双赢"局面。

三、努力提高高校财务人员的素质和工作能力

（一）提高职业道德，强化法制观念

加强会计职业道德和法制观念建设，应到做到廉洁自律、诚实守信、爱岗敬业，遵纪守法、保守秘密。高校必须加强财务人员的职业道德和法制教育，树立财经法律意识，掌握各项财经法律、法规、规章和最新会计制度。要严格按照财经法律、法规、规章和最新会计制度所规定的制度程序和方法进行财务工作，保证会计信息真实公允、合法准确、及时完整。

（二）不断学习，不断实践，提高专业工作能力

应当不断加强财务会计及相关领域如法律、经济、管理、金融、统计、计算机操作等知识的后续学习和实践，以提高理论水平和专业能力，适应高校新形势下的会计工作，而且应当有终生学习的理念和实践。

（三）完善高校内部控制制度，促进高校财务信息公开

高校应当建立完善的现代大学内部控制制度，办学权、教育权和受教育权有清晰明确的权责界定。实行自主办学，应当有专门的决策机构，财务管理将由该机构进行预算，并由独立审计机构审计，并作为年度报告对外公开，决策权与执行权不能由学校领导独揽，领导的权力将局限为行政权，只负责执行。推行高校财务信息公开，严肃财经纪律，接受社会各界的审计监督。加大纪检监察、审计等部门的监督力度，重点对高校领导和财务岗位人员实施规范化制度化考察和监督管理，防止高校领导和有关岗位贪污受贿和挪用公款的犯罪行为发生，给高校财务人员一个纯净、廉洁的工作环境。

第四节　浅谈新时期财务人员素质的提升

在经济全球化的今天，我国的市场经济体制改革已逐步深入，传统的管理会计已不能适应时代发展的要求，财务管理在现代管理体制中的地位也越来越重要，也意味着对财务人员的要求有了进一步提高。财务人员业务素质的提升，对企事业管理正规化、科学化、经济效益化都会起促进作用。本节着眼于现代财务职业化、专业化、信息化的发展特点，主要从职业道德、专业素养、服务和沟通三方面，简要探讨了新时期财务人员应具备的素质。

会计工作涉及资金运作和筹划，是企事业单位管理的一项重要工作。在我国大数据以及云会计发展的大时代背景之下，想要更好地进行财务决策各项工作的展开，会计工作显得尤为重要，其技术性和操作性也日趋复杂。财务人员不仅是财务管理中的主体，更是财务管理工作的主要执行者，所以财务人员素质的高低，直接影响着经济的发展与生存。但

在现实中，财务人员的素质还有很多问题存在，如缺乏基本的技能，职业道德、专业素质都有待提高。本节对提升新形势下财务人员的素质进行分析并提出的几点建议，以期促进会计行业的健康发展。

一、新时期下应具备的素质

职业道德素质。会计职业道德是会计人员应具备的职业素质，是指在会计职业活动中应当遵循的、体现会计职业特征的、调整会计职业关系的各种经济关系的职业行为准则和规范，是调整财务人员与社会、财务人员与不同利益集团以及财务人员之间管理学的社会规范。会计职业道德的内容包括：爱岗敬业、诚实守信、廉洁自律、客观公正、坚持准则、提高技能、参与管理、强化服务等。

业务素质。财务人员既要有全面、扎实的会计理论知识，又要了解相关的财经、税务知识，而且还要熟练掌握和应用基本的操作技能。财务人员对发布政策要有敏感性，针对国家颁布的《企业会计准则》《政府会计准则——基本准则》《个人所得税政策》等相关政策、法规要及时了解，随时关注最新的国家财政法律等方面的法规和政策导向，尤其是与企业发展有关的政策信息，结合企业经营方向做出引导，这样才能更好地胜任财务工作，为企业创造更大的财富价值。

二、存在的问题

缺乏职业道德观念。一些财务人员自身的职业道德意识淡薄，缺乏敬业精神，不去关注和学习更新变化的财务法律法规，或对会计职业道德规范和政策法规一知半解，概念模糊，在现实工作中随意做账、支付、逃税，谈不上遵纪守法、依法办事。

文化水平低，队伍参差不齐。财务人员的知识层次和结构差异较大。近几来年，虽然财务专业人员本科毕业逐年增多，甚至也有研究生毕业，但高学历的人员增长比不上社会发展的需要。财会人员的入门门槛较低，很多财务管理岗位上的人员还是从文职转过来，或高中毕业来做财务工作，他们通过老带新的方式来掌握财务操作技能，处理财会工作，而自身对财务专业知识和实践都严重掌握不足。从目前来看，财务人员的高学历人才相对紧缺，既能处理账务、编制报表、编写分析，又能参与决策和管理的高素质财务人员更是严重短缺。

财务业务水平偏低，缺乏钻研精神。我国目前的持有会计上岗证的财务人员较多，中高端的会计专业人才比较缺乏。大部分财务人员在学识、专业水平上都偏低，业务知识更新较慢或比较匮乏，工作经验和对政策掌握、变通不足；另一方面，会计制度不断更新和发展，在具体实施过程中，确实存在一些财务人员对新准则吃不透，理解不了，难以正确运用的情况，导致会计信息不准确，无法真实反映单位的经营状况。会计工作中还存在缺乏事业心和积极性，对工作不敬业、不负责，不按会计准则行事，乱做账务处理，甚至有些会计科目乱编，最后造成账簿不符、报表挤数等现象，从而造成财务信息严重失真，降低会计的工作质量。

缺乏监督机制、违反管理制度。一部分财务人员受到领导指示，在国家与集体、个人和单位利益发生冲突时，出谋划策，编造虚假会计凭证、账簿、财务报表，或做"两本账"，违反财经制度和职业道德，导致国有资产和社会资金流失。在实际工作中单位内部监督机制存在缺陷和不足，很多公司未设置专门的监督机构，监督意识较差，不能合理的设置会计岗位和制衡机制，或单位内部审计、内控制度完全走流程，应付上级下达内审或内控任务。而有关部门的税务审计检查，因其广度、深度不够，也不能给单位内部财务监督提供有力的支持，进而难以形成有效的监督机制，这在一定程度上助长了单位负责人和财务人员弄虚作假之风。

单位业务熟悉不够，不能实现部门价值协同。财务人员不仅要承担财务信息收集、数据整理工作内容，同时还应参与到各项业务的经营中，而这就对财务人员的职业能力提出更高的要求。可实际上，财务人员对单位业务工作的内容、流程不够了解，在长期的财务工作中大多数财务人员已形成了固定的工作思维和工作习惯，在处理业务问题时，常常会过度关注成本费用、财务风险分析、计算等方面的工作，而忽略业务科室人员的工作质量和工作效率，从而会影响业务工作的完成进度。

三、提高财务人员职业素质的重要性和必要性

财务工作是一项综合性管理工作，涉及资金的收支活动。随着我国社会经济的高速发展，各行业间竞争激烈，为追求利润最大化，对财务人员的职业素质和业务技能要求越来越高。

确保会计信息质量，避免会计信息失真。财务人员通过真实会计信息对资金运作进行计划和控制的综合性管理，并向信息需求中提供第一手资料，为有关各方进行决策、实施管理和控制行为提供基本依据，这在企事业发展中至关重要，所以说会计信息质量高低取决于财务人员的职业素质。真实、完整的会计信息能如实反映单位实际发生经济业务的内容及其结果，所以提高会计信息质量是目前会计改革和发展的重要战略之一。近年来，一些上市企业为了掩盖亏损，财务信息披露不真实，误导投资者，也阻碍社会经济的健康发展。因此，进行会计职业道德教育，逐步提高财务人员的职业素质，形成良好的会计职业道德氛围，对提高会计信息质量十分必要。

更好地防范资金风险，取得良好业绩。新时代的企事业单位已不同于以往旧时代的企事业单位，不管是管理高层还是底层财务人员都应该树立财务风险方面的意识和观念，在构建、完善财务管理整体系统时，更应重视"人"这一不可缺少的资源，引进、培养高素质、高学历财务工作人员，是应对瞬息万变的市场环境的重要因素。提升财务人员业务素质，意味着熟练掌握财政法规、制度，在了解本单位业务流程的基础上，加强对资金日常的运作，细化容易产生财务风险的融资、投资、固定资产购置、利润分配等业务，对经营成果和财务状况及时做到心里有数，来确保财产安全，防止资产流失，为财务风险防控打

下良好的基础。认清形势，自觉提高自身素质既是个人职业发展的内在动力，更是时代发展进步的需要。

加快信息化建设，提高财务核算的效率。财务人员业务素质提高，就会有意识地"精打细算"，会科学理财、厉行节约、反对浪费、注重效率。有效规范财务行为，是会计目标得以实现的保证。利用信息通信技术、大数据技术、数字技术等多种先进技术，依靠财务一体化平台，财务人员能够提高财务核算工作效率，同时做到数据的精确性，也有更多的精力来开展数据信息分析。

四、提高财务人员职业素质的措施

强化职业道德建设，加强法律意识。首先结合财务人员综合素质开展培训和教育，来学习相关财经法律，通过社会中介机构和监督机构对财务人员的行为进行监督，以及财务人员对自身行为的自我评价，让财务人员加强法律意识，树立法律规范，秉承良好的职业道德操守。其次，在工作中经常的自省做到处理财务事项时不掺杂私念，坚持依法办事，不该办的坚决不办，该办理的按章办理。时代条件变化了，但遵纪守法，照章办事，维护国家、集体和他人的合法利益，这样的作风是不能改变。要做到这一点，离不开财务人员的自我约束，自觉地恪守职业道德规范，在履行职责时，自律谨慎，不管财务制度本身是否有漏洞，应按照职业道德要求来行使，并且学会运用法律政策和手段来处理会计事项。财务人员良好职业道德品质的形成和巩固，使其在日常工作中，面对经济利益的诱惑，树立起正确的价值观、人生观、社会观，从而端正工作态度，全身心地投入到今后的工作中。

加强财务继续教育，不断学习新知识。《中华人民共和国》第三十九条规定"会计人员应当遵守职业道德，提高业务素质。对会计人员的教育和培训工作应当加强"。在知识日新月异，不断发展、更新的今天，财会人员通过学习来增强新知识的实践能力，提高新的工作水平。财务会计继续教育是国家通过大规模的培训，实行强制的定量的继续教育学习，促使会计从业人员更新知识，使其知识和技能不断得到补充和拓展，这是财务队伍建设的重要内容。

熟练掌握会计电算化等智能专业软件操作。随着网络的发展和计算机技术不断的普及和提高，财务人员不但要熟练掌握计算机 Excel 等日常 office 工具的简单操作，而且还要成为电算化"高手"。现在金融衍生工具不断创新，账务处理、报表编制等大量手工工作都已采用专业财务软件和平台来提高工作效率，行政事业单位的部门预算编制、政府云采购、国有资产申报、内控报告等，都采用网络化操作，更加方便财务信息的采集和汇总分析。加强对智能化软件的操作技能学习，尽量减少由于人为操作而造成数据不准确的问题出现。

提高当家理财能力，做好"贤内助"。财务人员是一个极为特殊的工作岗位，掌管着单位的经济"命脉"，必须学会精打细算、科学理财、合理避税。一方面，要在合法的前提下，努力把政策用足、用活，灵活创收，合理避税，帮助单位实现效益最大化；另一方面，积极参与单位业务管理，了解和熟悉本单位业务流程，规避行业风险，当好名副其实的"内当家"，要能够从较高的层面上把握财务工作的运行规律，提高财务分析能力，为单位领导决策当好参谋；

要有良好的沟通协调能力。财务会计部门是一个与各部门之间有着紧密联系的综合性管理部门。财务人员常和各业务部门员工打交道，同时也提供财务信息给上层领导干部，因此财务人员要有较强的沟通与协调能力，良好的语言和文字表达能力，能够简明扼要、准确地陈述观点，针对部门业务问题提出合理化建议。同时财务人员要有较强的团结协作意识，能正确处理好上下级之间、部门之间、单位内外之间的关系，并且树立以服务为根本的思想观念，在坚持原则和遵守财务纪律的前提下，文明办事、礼貌待人、守口如瓶的好习惯。

总之，建立一支高素质的财务队伍是一项长期和艰巨复杂的系统工程，是企业、行政事业单位生存和发展的有力保障。未来发展趋势的会计职业要求财务人员具有综合分析能力，能独立思考，在财务决策和日常运作中，要有战略性、灵敏性。身处机遇与挑战并存的时代，财务被置于及其重要的位置，要求财务人员必须由传统向现代，由事后核算向事前预算、事中控制和事后核算分析相结合的模式转变，逐渐从"核算型"转换为"管理型"。财务人员在做好基础会计工作的同时，要不断提高自身职业修养，才能更好地发挥自己的作用，为财务事业的繁荣发展做出最大的贡献。这既是机遇，更是挑战，只有不断学习、不断进取，才能跟上时代发展的步伐，才能立于不败之地。

第三章　企业财务管理人员培养研究

第一节　基于财务专业视角的企业财务管理人员培养

财务管理人员是企业经营发展中的宝贵人力资源，随着市场经济的快速发展，企业对财务管理人员的素质和能力提出了更高的要求。高校财务专业建设要立足于企业财务管理岗位的实际需求，培养出拥有扎实理论知识、过硬工作技能以及良好职业道德操守的财务管理人才，使财务专业毕业生到企业就业后能够快速适应财务管理岗位工作。本节从分析高校财务专业人才培养现状入手，以财务专业建设为视角，分析了高校培养企业财务管理人员的具体策略。

一、高校财务专业人才培养的现状

课程体系设置缺乏专业特色。由于高校对培养财务专业人才的目标定位不够明确，导致制定的人才培养方案欠缺合理性，未能对相关的专业课程进行有效整合，只是对课程进行简单堆积，从而导致课程体系的设置与企业对财务管理人员的需求相脱节。例如，财务管理、金融、会计这3个专业课程的相似度极高，多门必修课完全一致，只有几门课程有所不同，若是将公共基础课程包含在内，3个专业在课程设置上几乎没有差别。这样的课程设置，使财务专业3大领域的研究内容相混淆，未能突出自身的专业特色，导致学校培养出来的财务管理人才无法满足企业的实际需要，即使走上工作岗位，也很难胜任。

专业课程内容交叉重复。高校财务专业的课程体系中涵盖了诸多的内容，如财务知识、会计学知识，从而导致财务专业的课程与金融学专业的课程存在诸多相似之处，不仅如此，还与会计专业的课程体系有着较高的共享度，从而造成专业课程内容存在交叉重复，进而形成混杂的局面。在此前提下，财务专业的教学资源存在严重浪费的情况，其专业特色也未能得到充分体现，不仅如此，还使学生形成了一种错觉，即财务专业、会计学专业、金融学专业三者本为一体，毕业之后便可到企业从事会计工作，这种错误的认识，影响了学生的就业定位和规划，并且也不利于学生学习专业知识。在知识和能力的建构过程中，由于课程体系存在交叉重叠，导致财务专业学生所形成的知识结构体系成为其他两大专业的简单相加，自身的知识体系却并未得到融会贯通，从而造成该专业的学生能力不足，很难达到企业对财务管理人才的要求。

实践教学环节薄弱。高校的财务专业具有应用性强等特点，由此导致该专业对实践教学具有较高的要求，但是由于高校所采用的教学模式过于传统，即理论灌输，从而导致实践教学过于薄弱，不利于培养高素质的财务管理人才。一方面，校外的实践环节较少，出现该问题的主要原因是企业财务涉及大量的商业机密，导致学生很难到企业中进行岗位实践和实习。即使到企业进行实践，学生接触的也都是一些简单的账务处理工作，而投资、融资、资金运营管理、收益分配等重要的经济活动，不但程序复杂，而且责任重大，企业一般不会将这些工作交给实习的学生来做，因此学生在企业实践中能学到的东西很少。另一方面，校内实践严重不足。部分高校在财务管理专业的教学中采用理论灌输的方法，基础理论知识所占的课时比例过大，实践课的课时较少，学生只能从中学到会计核算的实践内容。

师资队伍的整体质量不高。高校财务管理专业的人才培养离不开高素质的师资队伍，但由于师资队伍的结构不合理，加之缺乏"双师型"教师，从而无法满足财务管理专业人才培养的实际需要。一方面，高校财务管理专业的专职教师年龄普遍偏低，教学经验略显不足，而兼职教师则年龄偏大，从而导致教师之间的沟通交流存在问题，青年教师的工作任务过于繁重，影响了他们的发展，又缺少中年骨干教师，从而无法带动整个教师队伍的发展。另一方面，高校的青年教师多数都是从学校刚刚毕业，虽然他们的理论基础比较扎实，但实践教学能力却有所欠缺，加之学校不重视培养"双师型"教师，从而导致此类教师严重缺乏，不利于培养财务管理人才。

二、财务专业视角下培养企业财务管理人员的策略

优化财务专业课程体系设置。高校财务专业的课程体系设置要以培养学生职业素养为导向，合理设计课程知识体系结构，使课程体现出专业教育的层次性和系统性，突出财务专业的人才培养特色，确保通过4年的专业教学，使学生成长为满足企业岗位工作需求的财务管理人员。财务专业的课程体系设置主要包括以下3个方面。

（1）专业基础课程。专业基础课程主要涉及金融学、会计学和管理学3个方面：金融学课程包括金融市场学、金融理论、期货期权、衍生证券、证券投资学和金融风险管理等课程；会计学课程包括初级会计学、成本会计、财务会计学等课程；管理学课程包括市场营销学、管理学、企业运营管理等课程。

（2）专业核心课程。专业核心课程以财务管理相关课程为主，主要包括公司财务管理原理、资本预算、中级财务管理、高级财务管理、国际财务管理、重组与破产、财务分析、审计学、管理会计学、投资基金管理、风险管理和资本市场运作等课程。

（3）专业选修课程。高校财务专业可根据自身专业建设特色，设置与之配套的选修课程，包括网络金融、审计实务、财经法规与职业道德、信用管理学、风险投资学和国际企业管理等课程。

构建层次性的专业课程知识体系。高校财务专业为培养出一大批优秀的企业财务管理

人员，应在建设专业课程体系的基础上，构建层次分明的课程知识结构，让学生循序渐进地学习专业知识，掌握财务管理技能。

（1）基础课程内容。对于金融学课程而言，课程内容应重点突出理财基础知识、风险与收益基本理论、投资收益和金融市场风险等内容，这些内容与财务管理专业课程的学习具有密切联系，能为学习核心课程打下良好的基础。对于会计学课程而言，课程内容应重点突出财务报告分析、财务状况判断等方面，为财务专业核心课程学习做好铺垫。对于管理学课程而言，课程内容应重点突出管理学原理、企业管理方法等方面。

（2）核心课程内容。财务专业可将核心课程内容划分为以下3个层次。一是基础性课程。课程内容涵盖财务管理原理、目标、内容、原则、方法，以及融资、投资、运营资金管理和收益分配等基础性知识，为学生后续学习奠定基础。二是深化性课程。课程内容涵盖资本预算、现金流量、资金项目风险分析、资金结构分析、投资风险评估、外汇风险防范和税收筹划方法等专业知识。三是延伸性课程。课程内容涵盖公司兼并、估计技术、重组与破产等更高层次的专业知识。

完善实践教学体系。实践教学是培养高素质企业财务管理人员的重要途径，高校要增加实践课程的所占比重，创新实践教学人才培养模式。

（1）建设校内实训室。高校应当为财务专业的学生建设专门的实训室，通过ERP沙盘仿真实验提高学生的实践能力。ERP沙盘可以模拟企业实际生产经营的过程，营造出一个具有真实性的企业工作氛围，在该教学活动中可让学生亲自动手，利用ERP软件对企业生产经营进行模拟仿真。ERP软件能够将企业的各项经济活动有机地融为一体，采用动态的管理方式，对企业的人财物等信息进行有效配置。由于ERP实验依托企业财务方面内容，对企业运营全过程进行透视，由此可使学生对企业的财务管理有更加深入的了解，为日后所从事的工作奠定基础。

（2）建设校外实习地基。高校应积极尝试产学研融合的办学模式，与企业建立长期合作关系，为财务专业学生提供校外实习机会。财务专业可实行"3+1"的人才培养模式，前3年进行专业课程学习和校内实训，后1年集中到校外实习基地进行顶岗实习，使学生积累1年的实际工作经验，提升学生的岗位胜任能力。

打造"双师型"师资队伍。为培养出更多高素质的财务管理人才，高校应当重视"双师型"师资队伍建设，通过强化师资力量实现人才培养目标。首先，高校应建立并健全教师培训制度，对现有的资源进行合理、有效地利用，培养"双师型"教师。高校可从教师队伍中选出优秀的教师，参加相关的职业技能培训，并定期选派教师进修学习。同时，高校可聘请高素质的实践人才，到学校为教师进行授课，也可采用产学研相结合的方式，组织教师参与工作实践和科研活动，以此提升他们的实践能力，为培养财务管理人才奠定基础。其次，高校可鼓励教师到企业挂职锻炼，为开展教学工作积累实践经验，通过健全相关规章制度使教师到企业实践形成一种长效机制。高校可利用每年的寒暑假，安排财务管理专业教师到对口企业进行兼职，如会计师事务所、财务公司等，以此来丰富教师的实践经验，打造"双师型"教师。最后，高校应逐步拓宽人才引进渠道，可从有关学校直接引进"双师型"教师，并从企业引进具有丰富工作经验和实践能力的高层次人才，聘请专业人员担任财务管理专业的兼职教师，在优化师资结构的基础上，培养学生的实践能力。

高校财务专业建设要重新定位财务管理人才培养目标，以市场需求和企业需求为出发点，培养从事财务管理工作的技能型应用型人才。财务专业要根据本专业的教育特色，不断优化专业课程体系设置，突出专业课程教学重点，加大实践教学比重，建设"双师型"师资队伍，从而为培养企业财务管理人员提供教育教学体系保障。

第二节　新形势下企业财务管理人员素养的内涵与培养

中国进入了新时代，新的时代要求有新思维。在新的形势下，财务管理人员作为企业的一员更需要有新思路、新方法、新能力。文章通过对财务管理人员素养的概述，指出当前财务管理人员存在的主要问题，进一步探讨提高财务管理人员素养的方式和方法。

一、财务管理人员素养的概述

财务管理人员作为企业了解资金运行情况的重要参谋，主要负责会计核算、经济测算等相关工作，特别是在市场经济条件下，面对各种复杂的情况，对财务管理人员的素养提出了更高要求。

第一，职业道德。首先，作风严谨。财务管理人员必须有严谨的工作作风，时刻做到求真务实，刚正不阿，不弄虚作假。其次，爱岗敬业。爱岗敬业是任何工作岗位的必备要求，这种精神是每一个成功人士的基本素养，体现了一种奉献精神，一种对事业不懈的追求和思想境界，更是责任感、价值观的重要体现。因此，作为一名财务管理人员，必须要有爱岗敬业的精神，真正做到干一行爱一行，爱一行干一行，珍惜自己的工作岗位，不断积累工作经验，实现个人的价值。最后，廉洁自律。财务工作的特殊性要求工作人员必须廉洁自律，时刻做法律法规的"明白人"，做到法律禁止的坚决不做，在执行财经法规制度上，带头垂范，当好财经纪律的"监护人"，要时刻维护财经法律法规的权威，做到一切按法规办事。

第二，能力素质。首先，业务处置能力。由于财务管理是一项综合性、业务性非常强的工作，这就要求工作人员必须具备较强的业务工作能力，这是干好财务管理工作的基础。其次，解决问题能力。财务管理人员必须具备解决问题的能力，这不仅是业务技能的综合体现，更是企业岗位的重要要求。在日常财务管理工作中，需要对资金使用、资金流向、债务管理等方面进行综合分析，提出问题所在，并通过专业知识解决这些问题，形成科学的决策体系，为企业决策参考提供依据。同时，财务人员需要锻炼自己发现问题的能力，只有发现问题，才能防隐患于未然，才能为企业趋利避害。最后，协调能力。财务管理人员除了具备专业知识之外，还需要锻炼自己的协调能力，能够通过财务管理中发现的问题，及时协调各个岗位进行综合处置，或者协调其他企业来共同解决自身企业存在的问题，以推动企业解决实际困难。

第三，学习意识。作为一名财务管理人员，必须要有良好的学习意识，充分利用自己的时间加强各类知识的学习。首先，要学习财务管理知识。特别是中国进入新时代，必须要学习新时代下新的市场经济理论，包括国家财政制度、产业发展方向、货币政策、劳动工资、金融保险、票据证券、银行结算等方面的知识，以便提高自己与市场打交道的能力和水平。同时要学习现代化的管理方法，包括数理统计、矩阵管理等现代管理理论，以此来提高自身的工作效率。其次，要学习相关财务制度。财务制度是财务管理的重要组成部分，也是核心要素。财务管理人员必须要学习财务制度，才能更好地提高自己的工作能力。具体工作中，一方面通过学习理论知识来增强自身的本领，另一方面要经常向有经验的前辈学习，学习他们的实践经验，学习他们处理财务的能力。最后，学习业务操作技能。对于财务工作人员来说，业务操作主要是会计核算技能，核算是财务工作的基础，是单位资金活动最初的记录，只有通过会计核算，才能掌握企业运行的整体状况，包括企业财务情况、现金流量情况、经营成果等。财务人员通过核算，掌握数据以后，才能及时向企业提供可参考、可操作的决策。

二、财务管理人员存在的主要问题

第一，财务管理人员专业性不强。许多企业聘请的财务管理人员多是半路出家，所学专业与财务管理不相符，对国家财务管理相关法律制度了解得不深刻，对企业账面清算、会计核算等知识了解不多，导致业务不熟悉。同时，个别企业根本不设财务管理岗位，聘请兼职人员进行定期核算，造成了企业财务管理混乱、财务运营困难等问题。

第二，财务管理人员知识更新慢。目前，许多会计都是通过实践中学习成长起来的，许多会计机构多是偏重于教育培训，不注重实践操作。同时，我国对会计岗位的要求是需要会计证，而会计证书的考取都是通过理论考试，实践能力严重不足。许多财务管理人员虽然在走上工作岗位后，不断加强学习，积累了一定财会经验，但系统性的理论知识仍然显得不足，加之对财务管理涉及的法律法规、税收、金融等知识学习不够，导致财务管理人员分析能力不足，判断能力欠缺，会计信息失真。加上，财务管理工作压力大，时间紧，许多管理人员学习时间被严重压缩，导致新知识更新较慢。

第三，财务管理人员道德有待提高。许多企业的财务管理人员道德素养不高，带有事不关己的态度进行工作，这给企业资金运行、核实带来严重影响，特别是针对运行困难的企业，在融资方面，管理人员不负责任，不积极作为，导致许多企业破产。同时，有的财务管理人员以个人私利为目的，帮助企业在税收方面做文章，严重损害集体和国家利益。

三、提高财务管理人员素养的对策建议

新形势下，提高财务管理人员素养不仅是个人义不容辞的责任，更是企业提高员工素

质的重要环节。提高财务管理人员素养应从以下几个方面开展。

第一，重视财务管理工作。企业要想提高财务管理人员素养，就必须高度重视财务管理工作，将财务管理纳入企业日常管理，加大监督力度。全方位更新财务管理理念，根据企业自身定位，制定合理的财务管理制度，不断提升管理的精细化和科学化，从最细小的地方入手，将财务管理纳入到企业生产、流通、经营各个环节、各个领域，从而充分挖掘财务管理工作的潜在价值和理由。

第二，创设良好的企业文化。企业文化是企业生存的灵魂。良好的企业文化能够最大限度凝聚员工的向心力，提高他们工作的热情，从而推动企业更好的发展壮大。因此，必须创设紧跟时代的企业文化，特别是财务管理文化，让财务管理人员能够充分体会到企业的关怀，体会到自身价值所在。要根据企业实际情况，根据财务管理人员的特点，把合适的人安排到适当的岗位，看到希望，进一步增强他们的主人翁意识和干事创业激情，提高他们的归属感和成就感。

第三，构建合理的人员管理体制。结合企业实际，制定合理的工作人员档案制度，将财务工作人员的工作业绩及时纳入档案管理，作为奖惩、晋升、晋级等重要依据。同时，建立健全道德素养评价制度，对具有良好道德素养的工作人员加以重用，对道德不好的员工进行教育，及时帮助他们树立正确的人生观和价值观。

第四，加大人才培养力度。企业要想拥有众多优秀的财务管理人员，必须构建科学的人才培养计划和体系，加大人才引进、培训、选拔力度。要根据自身发展定位，定期组织财务管理人员与其他企业进行技术交流，组织人员进行学习、考察、实践，不断拓展企业财务管理人员的知识面，拓宽他们的视野，更新他们的财务管理理念，让他们对财务管理工作有更好的理解，适应日益变化的财务管理工作。

经济全球化的发展背景下，加强财务管理对企业发展至关重要，强化财务管理人员素养更加紧迫。因此，必须根据企业自身情况，加大财务人员素养培养力度，不断提升财务管理水平，提升企业竞争力。

第三节　公司治理环境下企业财务管理人员的角色定位

随着企业之间的竞争不断加剧，很多企业不得不通过对公司治理的方式全面提升企业的综合竞争力和实力，并以此为契机，保证企业产品在激烈的市场竞争中占据一席地位。由于企业公司治理工作效率的高低、公司治理质量的好坏直接受到企业财务管理工作的影响，主要是由于企业财务管理人员很容易受到企业外部环境、内部环境等因素的直接影响，从而影响会计职能的全面发挥。面对这一问题，各企业应从自身内部抓起，及时发现财务管理人员角色定位中存在的问题，并通过不同的手段和方法进一步强化在公司治理环境下财务管理人员角色定位的新目标。

一、相关概念阐述

公司治理。所谓公司治理，从狭义角度来看主要是指企业的所有权层次，并对如何授权给职业经理人、对职业经理人履行职务行为行使监督职能进行研究。

企业财务管理人员。财务管理人员主要是指专门从事会计工作的专职人员。在我国，根据财务管理人员职权划分为：总会计师、会计机构负责人、会计主管人员、一般会计；根据会计专业技术职务划分为：高级会计师、中级会计师、初级会计师。

二、企业财务财务管理人员能力角色定位的必要性

世界经济形势变化的要求。随着全球经济形势的变化，当今世界经济格局发生了转变，而我国在世界经济格局中占据了重要的地位，国内外经济活动日趋复杂。面对纷繁复杂的经济环境，在企业中真正掌握经济活动的财务财务管理人员所面临的经济风险大大增加。因此，不断变化的国内外经济环境下，作为企业财务管理人员只有不断提升自身素养、完善职业道德、具备职业操守，才能在不断变化的经济活动中游刃有余、从容应对，才能帮助企业在各种不确定因素的影响下合理规避风险。

合理降低企业会计信息失真问题的要求。会计信息是否真实是企业投资者以及其他会计信息报告使用者对企业经营实际情况进行了解的基本途径。但是，目前很多企业存在严重的会计信息失真现象，从而导致会计信息处理缺乏规范性，出现信息严重失真。面对严重失真的会计信息，企业的管理者不能进行科学、准确的决策判断，企业的投资者无法真正了解企业的经营状况。因此，针对这一问题必须尽快提高财务管理人员综合素养和能力。

提升企业财务管理人员队伍整体素养的要求。改革开放40多年，我国经济获得空前发展，从事会计管理工作人员较多，但是整个会计从业人员队伍中人员素质参差不齐。目前我国各地经济发展水平不同，在一些经济较发达的地区，财务管理人员综合素质比较高。而经济欠发达地区的财务管理人员在知识结构上并未实现与时俱进。另外，由于我国会计业人员工作多年，具有丰富的工作经验，但大部分年龄偏大，无法适应数据时代、网络时代、信息化建设等对会计岗位工作人员的要求。还有的一部分刚从事会计工作的人员，这山望着那山高，不能真正塌下心来完成工作，从而造成财务管理人员流动频繁。

三、企业财务管理人员应具备的基本职业素养

拥有良好的职业道德素养。作为企业财务管理人员，职业道德教育是进行职业道德建设的重要环节。财务管理人员的特殊职业性质决定了它必须对社会和企业承担一定的责任。因此，必须加大对财务管理人员职业道德素养教育的力度，全面提升财务管理人员的职业道德水准，以良好的道德风尚抵制社会上不良风气的侵蚀，从而为每一个财务管理人员在思想上构筑一道坚固的防线。

具备合格的专业知识技能。会计工作不同于其他工作，要求会计从业人员必须具有较

强的专业性。这主要是由于财务管理人员的工作，一方面要处理好企业的各项经济业务和活动，另一方面，还必须对企业的经济活动业务做好记录，从而保证真实性和准确性。为了使企业经济活动能够顺利完成，要求企业财务管理人员必须具有过硬的专业素养、扎扎实实的理论基础知识，同时还能够充分利用自己的智慧和工作经验，从容应对各种复杂经济风险的发生。

拥有良好的沟通能力。企业财务管理人员直接参与到企业的各项经营管理活动中，但企业内部各项经济活动之间密切相关，这就要求财务工作人员必须及时与企业中各部门相关人员进行沟通与协调。良好而和谐的沟通关系才能保证企业有效地运转。例如：企业财务管理人员必须及时了解企业内部用于研发、生产、销售不同方面的资金使用情况，而这些都需要同相关部门工作人员进行沟通与交流，否则会对自己的工作带来巨大阻力。再看企业外部环境，每一个企业并不是孤立的，在繁荣的市场经济中，每一个企业都与相关部门之间有着千丝万缕的关系。对财务管理人员而言，首先要接触的是相关的税务部门、银行等，为了能够顺利完成企业工作，财务管理人员必须与这些单位进行良好沟通。因此，拥有良好的沟通能力充分体现出财务管理人员的综合素质。

参与企业管理工作的能力。随着时代的发展、社会的进步，现在企业所面临的经济活动越来越复杂，作为企业的财务管理人员不能仅仅充当经济活动的记录员，而是应该对自己进行重新定位，并积极参与到企业的各项经济活动和经营决策中，充分利用自己的专业知识，为企业的管理者提供有价值的参考。因此，这需要必须尽快提升财务管理人员的综合素质和能力，让他们将自己的专业知识转化为促进企业发展的经济动力源泉。例如：企业预算、财务分析、企业内部控制、资金管理和控制、企业财务风险防范等都需要财务管理人员的专业素养和知识。

四、公司治理环境下企业财务管理人员的角色定位

公司治理中企业财务管理人员的工作地位。目前很多企业都将公司经营权赋予总经理、企业生产经营部门，作为公司的总经理，每年年终都会将当年实现的净利润作为经营业绩向股东汇报，并参与分红。这种所有权与经营权相分离的会计监督职责主要是为了保证公司股东权益不受侵害。因此，治理环境下企业财务管理人员可以通过记账、编制报表向股东大会充分反映本企业在某一特定会计期间中的经营业绩和资金流动情况，这样能够帮助股东通过相关会计信息，对总经理和各生产经营部门在一定会计期间内的销售与管理情况进行准确而科学的判断，并以此作为奖惩的依据。

公司治理环境下财务管理人员应具备的权利和义务。在公司治理环境下企业财务管理人员应拥有的权利，主要表现在：公司财务管理人员在编制会计凭证、对财务数据进行分析和预测等过程中，有权利要求企业各部门员工及时而准确地向财务管理人员提供相关的数据；企业的管理者和领导者为了粉饰会计报表、为了偷税漏税指使财务管理人员，编造虚假会计信息时，财务管理人员可以依据《会计法》中的相关规定坚决有权拒绝这些要求，

并对其合法权益进行保护。在公司治理环境下企业财务管理人员所具备的义务主要包括：根据企业相关财务制度、内部控制制度中的岗位规定，客观、真实、准确的记录企业一定会计期间内生产经营活动的全部业务活动内容，通过会计凭证、明细账、财务报表等将企业的资产规模、经营状况、经营业绩等会计信息反应给当地的税务部门、金融部门、政府部门、股东等相关会计信息使用者。

五、公司治理环境下企业财务管理人员角色定位中存在的问题分析

财务管理人员的工作独立性差。财务管理人员提供的各项会计信息能够真实而客观地反映出企业经营管理者在一定期间的经营业绩，更是企业对相关管理者进行绩效考核的重要参考依据，也是不同的财务报表使用者了解企业基本经营状况的主要途径。因此，要求企业财务管理人员必须及时客观地反映企业的经营业绩，这也是对公司治理质量带来影响的一大因素。但是，目前很多企业财务管理人员均隶属于总经理领导下的财务部门，企业的经营管理者和财务管理人员之间是一种雇用关系。而当企业的经营管理者为了偷税漏税、粉饰业绩、获得上市资格时经常会指使和授意财务管理人员编制虚假会计凭证。很多财务管理人员为了获得更多的晋升机会和薪酬待遇，很容易被其经营管理者所操纵，最终影响了会计信息的质量。

企业管理者个人为了追求经济利益而对财务管理人员产生影响。在企业的经营管理活动中，有一部分财务管理人员受利益驱使经常违背职业道德，编制虚假会计凭证，从而满足企业经营管理者对业绩的要求，致使财务管理人员出具的财务报表缺乏真实性、客观性，严重损害了广大股东的合法权益。还有一部分财务管理人员在利益面前，不惜违反职业道德和操守，不惜违反《会计法》中的规定，利用自己职务之便侵吞企业资金，从而给企业的广大股东造成了损害。

监管力度有待提升。在公司治理环境下企业财务管理人员的监管力度有待提升。例如：有的企业并未在内部成立专门的、独立的、具有权威性的审计机构，即使有的企业设置了内部审计机构也属于隶属关系，审计工作人员由于专业技能、个人主观工作态度等方面因素的影响，使企业内部审计工作无法充分发挥有效的监督和控制职能。

六、公司治理环境下完善企业财务管理人员角色定位的有效策略

构建完善的会计管理制度。任何行为的发生都必须有制度作保障。在公司治理环境下，要求各企业必须尽快完善会计管理制度。例如：各企业必须依照《会计法》等相关法律的规定，结合自身实际经营状况设立完善的财务流程，这不仅能对会计工作的人员进行严格的控制和规范，更能全面提升企业会计核算的科学性和真实性。再例如：企业应构建完善的内部控制体系和制度。在不相容岗位分离、对重大经济业务进行集体决策审批、对企业会计核算进行内部监督等制度的制约下，将不断规范企业的会计核算工作和管理工作。

不断优化企业的组织机构。为了能够有效避免出现企业经营管理者指使财务管理人员

编制虚假会计信息的问题，要求企业必须根据《公司法》的相关规定，不断优化企业组织结构。如：由监事会直接对财务部门工作进行垂直领导，从而提升财务管理人员的独立性；作为企业的管理者必须高度重视财务部门的工作，并随时督促企业其他部门和全体工作人员认真履行企业制定的各项财务流程和财务制度，以此来彰显出企业对财务部门工作积极配合的态度。

加强企业的内外部监督。企业的内部监督主要是要求各企业必须成立专门的、独立的审计部门，并及时对企业财务管理人员的岗位设置、授权审批、会计核算的规范性等方面内容进行审计，对于发现的问题必须及时予以纠正。企业的外部监督，主要是指财政部门、税务机关必须定期对企业的会计信息质量、内部控制制度的执行情况、财务管理人员的职业道德等进行监督，在监督中发现的财务管理人员违法乱纪的行为必须进行严格惩处。

加强对企业财务管理人员的培训。这就要求我国各级财政部门、各企业必须清晰地认识到财务管理人员职业道德教育的重要性。为了进一步规范财务管理人员的行为必须定期开展财务管理人员职业道德培训和教育，让广大财务管理人员能够自觉遵守会计职业规范的同时，提高自身道德修养。作为财务管理人员应该具备坚强的品格、正直而诚实的品质，面对各种压力不屈服，公平公正的对待每一项工作。另外，还应该从制度上对会计工作人的行为进行约束，并加大惩处力度，特别是对于违反国家相关法律法规的财务管理人员，除了追究其相关责任以外，还应该停止或者吊销其会计资格证书。

构建清晰的会计工作管理流程。为了能够充分、长期发挥会计工作的人员的职能作用，企业必须建立明确的、规范化的会计工作管理流程。规范化和明晰化的流程做指导下，一旦企业财务管理人员出现变更时能够更及时、更准确的完成工作交接，不会对企业的会计工作带来影响。

完善科学的考评制度。科学而完善的考核评价制度是保证企业财务管理人员永远具备积极工作态度得保证。通过科学的绩效考核机制，不仅能够在企业内部构建完善而高效的会计人才培养链条，还能够对财务管理人员所履行的职责进行客观地考核，从而使广大财务管理人员警钟长鸣。

加快人才建设，实现财务人员的转型发展。要想真正实现企业财务人员的转型，要求财务人员的工作关注点应该由原来的会计核算逐步向财务管理方向倾斜，并为促进企业的发展和经营决策提供参考意见，辅助企业的管理者完成战略发展规划的制定、价值增值的提升。作为新时期的财务人员不能仅仅局限于做好会计核算等基础性工作就满足，还应该密切结合企业的经营目标与实际运营情况，从财务管理的高度进行准确把控，并积极参与到企业的经营决策中，将财务管理工作和管理水平推向一个新的台阶。财务部门是企业中的一个最重要的部门，作为企业经济信息的管理中心，财务部门应该了解企业的各项决策，如：筹资活动决策、经营活动决策、投资活动决策等，而在具体的工作中，财务人员应该针对不同的决策积极、认真地做好经济效益的分析，权衡每一项决策的利弊与隐含的风险，同时对决策行为的可行性进行分析与论证。很显然这些工作是核算型财务人员所无法胜任的，唯有向着管理型财务人员的方向转型才能胜任。在大数据时代，各种新技术以及强大的冲击力使得财务管理人员必须尽快摒弃传统的观念，不断学习、更新自己的专业知识，树立终身学习的新理念，一定要做到未雨绸缪，不断提升个人素质，为适应会计工作环境的不断变化做好充分的准备。

构建大数据环境下会计人才梯队管理的长板凳机制。在信息时代，企业财务管理人员已经不再是企业的账房先生，而是企业管理中的管理咨询师、财务规划师、信息整合师，很多财务管理人员已经参与到企业的经营管理活动中，并在企业价值创造的过程中发挥着重要作用。例如：对静态的数据进行解读，经过加工与整合后变成动态化的、有价值的信息。因此，在新时代新角色下，企业的管理者一定要充分认识到会计资源的重要性，做到未雨绸缪，加强对会计人才队伍等管理和建设，特别是注重会计人才培养和梯队建设。会计人才梯队管理应建立长板凳机制，这样才能更好地解决会计资源共性问题，才能有效避免由于财务管理人员缺位或断层为企业发展带来的负面影响，才能使财务管理人员在新角色下更好地为企业发展提供服务。

综上所述，在信息时代、在网络时代、在大数据时代、在公司治理环境下，企业的经营管理环境发生了变化，这也就要求企业财务管理人员必须重新进行角色定位，在企业未来的经营管理中，企业的财务管理人员应当充当好企业的咨询师、规划师、整合师等不同的角色，从而对促进企业的发展奠定坚实的基础。

第四章 提升高校财务人员专业技能

第一节 新常态下提升高校财务人员专业技能的思考

就目前的新常态背景来看，我国经济已经逐渐放缓了增长的速度，经济发展的天平已经从原本的要素驱动、投资驱动倒向了创新驱动。高校需要对财务人员专业技能提出新的要求，文章针对高校财务管理工作内容来对上述内容进行具体分析。

财务管理作为高校管理活动中的核心工作内容，为了能够提升现代高校在发展过程中的事业内涵，不仅要提升财务管理工作人员的综合素质，还要结合现代科学技术手段来保证工作效率的提升，从而整体促进高校财务工作的管理和服务水平，努力地克服短板，据此来创新高校财务管理工作。

一、专业技能上的新要求

随着宏观经济新常态的逐步实现，现今形势下"三公"经费公开政策与公车改革双管齐下背景下，同时新的预算法的实施等形势的变化，也就对高校内部的财务工作人员提出了新的要求。

首先，高校财务人员需要具备良好的政治意识与担当。因为在目前的环境下，高校财务管理经手的资金在逐步增大，那么就难免会存在腐败案例的可能性，所以就需要财务工作人员具备职业道德素质，不能违背财务管理制度或出现违纪违法行为。

其次，由于现代科学技术的发展，高校财务管理人员还应该具备基本的互联网思维。因为"互联网＋"也是现今经济新常态发展的重要特征之一，在互联网思维与计算机技术的加持下，能够增强财务管理活动的应用效率。所以提升财务工作人员应用互联网财务管理系统的能力是建设会计信息化系统的基本保障。

最后，要在工作中不断地对财务人员强调终身学习的重要性，及时地对知识进行更新与时刻研究政策的动向，保证在经济新常态形势下，具备相当的超前意识，及时对各种新文件与新政策进行学习并且将其应用到实际工作当中。

二、存在的问题

信息化建设的速度。虽然就目前而言，众多高校已经在财务信息化方面加大了人力与物力的投入，我们也可以看到财务信息化水平有了明显的进步。但是现今高校财务的信息化水平依旧停留在会计电算化水平上，缺乏一定的顶层设计与科学规划，甚至从某些方面来说与高校整体的发展战略上是存在差距的，这就会影响到高校未来的发展，所以高校应当重视起这一部分的问题。

风险意识薄弱。对于高校来说，进行财务风向管理是为了对财务风险进行有效控制和妥善处理，从而真正地降低损失的一种管理手段。但是许多高校的管理层大多并不是财务管理专业出身，往往对于财务风险缺乏更为全面的理解和认识，所以很容易在进行高校财务管理统筹安排的过程中忽视了一些重要风险。并且，高校财务部门人员也基本将大部分的工作时间安排在做好日常报销的部分，无暇或是根本无心去考虑高校财务管理当中可能存在的风险。

数据整合能力薄弱。高校在运营过程中会产生大量的与财务有着密切关系的业务数据。诸如师生在教学过程中所需的器具费用、科研项目的设备经费、职能部门的工资结算以及后勤日常的开销问题等，都是财务部门需要进行核算的部分。虽然说这些数据最后都会在财务报表中以数据的形式呈现出来，但是因为财务部门人员配备上的缺乏问题或者高校管理层没有意识到这些数据背后潜藏的价值，都会导致财务部门对数据的整合能力薄弱，无法挖掘出数据背后的意义。

综合素质低下。综观全国高校，各个高校的财务部门当中能够既精通现代信息技术，又熟悉高校业务活动的财务管理复合型人才少之又少，加上财务管理理念上的落后和较低的工作效率与责任意识，已经对高校财务管理活动的开展造成了一定的阻碍。导致这些问题的主要原因就在于财务队伍建设在制度上还存在一定的漏洞，所以高校管理层应当开始重视财务人员的队伍建设问题，以培养出高素质水平与业务能力兼备的复合型财务管理队伍为目标，为新常态经济环境下的高校财务管理创新提供人才上的帮助。

三、改善策略

培训考核。对高校财务人员进行培训能够综合提升财务人员的专业能力，面对经济新常态环境下所产生的各种变化，高校管理层应当准备好财务人员的技能培训工作。

第一件事就是转变高校财务人员的观念，以此来加强财务培训的时效性，高校管理层还要根据高校内部的实际情况与需求来进行培训方案的制定，同时也要将最新文件与高校财务工作相互结合，保证技能培训的质量。开展财务技能培训之前，需要针对高校内部的财务情况进行具体调查，对其中不利于财务工作开展的因素进行具体分析，然后针对其中存在的财务管理薄弱点来进行集中培训，保证技能培训的目的性。

第二件事就是要在培训与日常工作的基础上对财务人员的专业技能来进行考核，因为长期以来对财务人员的技能测评还停留在笔试的形式上，这种模式是很难显示出高校财务人员的真实工作能力，所以在经济新常态形势下就更要加强技能考核的内容，将其与日常的实际工作进行相互结合，尽可能地体现出高校财务人员的实操水平。并且，也要鼓励高校财务部门的人员参与会计职称考试，综合提升整体的业务水平。

监督机制。财务人员需要具备一定职业道德，这是这份工作对财务人员思想品质的要求，在经济新常态环境下，高校财务工作人员需要面对诸多的诱惑，那么在工作中就应该注重防止出现违法违纪的行为，一切从实际出发并且对本职工作具备一定的热爱。高校管理层应当定期开展以职业道德教育为主题的廉政教育专题活动，在良好的职业道德教育与工作氛围的基础上，在高校财务部门内部构建出属于自己的职业道德文化。除了财务工作人员与管理层需要对自身有所要求以外，还要配合严格的监督管理机制来对高校财务工作人员进行约束，只有健全的制度才能够保障高校内部的财务管理权力不会被滥用。

互联网应用。我国已经进入了全面法制建设的关键时期，也就要要求财务管理人员必须具备充分的法治意识来进行财务管理活动，同时在学习法律知识的过程中也要坚持采用财务信息化系统，要求高校财务人员熟练掌握系统软件的使用要点，从而整体提升高校财务管理的效率水平。

竞争机制。要想真正地保证高校财务管理人员的专业性与服务水平，就需要建立起有效的竞争机制，改变高校内部部分财会人员得过且过、懒散敷衍的工作态度，结合不定期的财会工作成效方面的职工满意度检查，一旦发现任何突出问题都要对职工或者部门做出相关的警告与处罚，保证人员之间存在能力上的竞争意识，充分保证财务人员工作上的积极性。能够在职位上尽职尽责，明白自己的工作使命，还可以建立起会计职业道德跟踪监测系统，综合分析财会人员的职业道德水平，及时察觉异常的变化动向，从而整体完善会计道德规范，建立起能够衡量出财务人员守法敬业的工作素质的评价标准。通过社会评价与自我认知来增强财会人员对于工作的认识。

人才培养。基于高校自身所带有的教育职能，对于校内已经开设了财会专业的高校来说，能够在需求的基础上对于本校学生进行培养将是一个不错的选择。要想确保高校能够为社会输送有效的人才资源，就可以在新常态经济发展下加强对于财会人才的培养。首先，就是要针对财会学科建设进行加强，以多举并措的方式来扩大财会学科教育资源，综合调整高校布局以及扩大学科的办学规模。其次，针对现今以及未来的需求来明确培养目标，从思想政治素质、学习能力、基本素质以及学术科研能力四个部分来制定合理的选拔机制。最后，在财会教学管理改革方面，一定要坚持牢固树立教育工作的中心地位，在师资力量、资源配置以及经费安排与工作评价方面都要以提升教学水平为中心，保证财会教学的质量，提升财会管理专业学生的素质水平。

在深化财会教学管理改革的过程中，一定要以培养应用型财会人员为目标来进行教学内容、教学方法以及教学平台建设上的深化改革，从而提升高校内财会专业学生的专业素养与通识素质方面的培养。另外，还要加强高校与地区、高校与企业之间的有机对接与深化协作，保证人才资源的输入与输出，体现校园内部无处不在的竞争氛围，不仅能够提升学校的财务管理专业治学水平，还可以为学校财会管理部门提供必要的人才资源。

此外，还要对与财会管理相关的项目载体进行完善，在地区平台上做好人才培养与社会经济发展的衔接，从而进一步使财务管理服务对高校本身以及社会经济发展上的基础性支撑作用。同时要加强财务管理专业方面的对外合作，保证高校财务部门与财务管理专业学生能力提升，选派学术、管理财务管理人才到国外进行交流访问，以及在与国外学校合作过程中互派学者来进行财务管理相关的课题项目研究，整体提升财务管理上国际交流合作的层次和质量。

对于高校财务人员来说，需要重视专业技能素质的培养。在经济新常态的形势下，财会工作人员应熟悉现有的政策内容，对业务技能具备相当的熟练度的同时具备基本的职业道德。要求高校财会人员对自身有所要求，不断地在工作过程中提升自己，以敏锐的思想状态迎接每一天的工作，贡献出自身的社会价值。

第二节　浅谈共享中心建设与企业财务管理人员能力建设

随着近年来"互联网＋"活动的深入推广，共享中心的建设成为企业财务的新管理模式，共享中心不仅能够将财务信息共享化，还能使财务管理中的会计核算，资金结算等工作分离出来，这对于企业财务管理十分具有建设性，财务共享中心的建设，会大大提高企业财务的工作效率，降低企业的运行成本。故而近年来企业财务共享中心的建设，受到大小企业的关注，本节将探讨共享中心建设与企业财务管理人员建设，探究出企业财务管理中心与人员管理建设方式。

一、财务共享中心建设

财务共享中心是大企业财务工作的一种新型财务管理模式，这种模式的建设为企业财务管理提供了便利，不同于企业以往的财务管理流程，财务共享中心能把会计核算，资金结算等财务工作分离出来，将财务管理核算与结算变得规范化及流程化，能够很好地对财务管理起到积极作用，但建设财务共享中心并不简单，但对于大企业来说，财务共享中心的建设是其发展壮大的重要手段。根据数据显示，全球五百强企业中近一半都建立了财务共享中心。准确来说财务共享中心的建设关键有以下四点：其一是管理创新及思维方式的转变；其二是明确财务共享中心的工作职责与工作范围；其三是加强财务共享中心与企业业务系统的融合；其四是加强财务共享中心人员的队伍建设。

这主要是由于财务共享模式的创新性，明确性，衔接性及分享性，财务共享模式是以往财产管理方式的变革，企业在建设财务中心时，需要将企业资金各部门的流向进行记录，从而将企业财务管理方式进行标准化转变，将主公司，分公司及子公司的不同财务管理模式整合起来，便于财务共享中心的建设。财务共享中心建设完成或是完成前，需要明确各部分或是财务管理人员的工作范围，避免财务管理的混乱及建设的复杂性，这就需要将财务系统管理中各部门交叉范围进行合理分配，故而将混乱密集的财务管理工作分离开来，从而保证财务系统的明确性，简洁性。这也就需要企业各部分之间能够进行密切合作，财务共享中心能够与企业各部门衔接良好，不至于与企业正常运行脱轨，所以在建设财务共享中心时要额外注意企业运行的实际情况，将各种实际因素考虑其中，完善财务共享中心的实际运转。财务共享中心最终还是需要企业的财务管理人员进行管理，这就要求企业财务管理人员能够对财务共享中心进行管理及建设工作，这也是目前企业财务共享中心建设与财务人员管理建设的重要突破点。

二、企业财务管理人员能力建设

企业财务管理人员的能力现状。我国企业财务管理人员的能力良莠不齐，就整体情况分析来看，还是比较低的。当下，随着我国经济飞速发展，我国企业的财务管理也变得更加复杂，企业的财务运管也变得快速化及分散化，而我国 1200 万人会计从业人员中，受过高等教育的不足三成，其中绝大部分都只受过初级教育。自我国在 2012 年正式加入 WOT 之后，企业的竞争环境更加的复杂，全球性的经济危机更是频频出现，从某种程度上来说，企业的财务管理的要求水准越来越高，就目前我国财务管理人员能力现状，是无法满足当复杂环境中企业财务管理要求的，企业财务管理人员能力建设是迫在眉睫的，真正建设起来却并不容易。就当下企业财务管理要求来看，财务管理人员的能力要求主要有：一是要有良好的职业道德及工作态度；二是具备扎实的基础知识及熟练的业务能力；三是有工作创新精神及开阔的视野；四是具备快速反应能力及分析能力；五是具备良好的沟通能力及合作能力。近年来，由于财务共享中心的建设，三，四点的要求更高于以往。

企业财务管理人员能力建设的关键。前面提过，财务管理人员能力的要求一共有五点，所以企业财务管理人员能力建设的主要目的就是将财务管理人员的这五项能力进行提升，满足现代化企业业务管理的需求，使得现代化企业业务管理更加成熟，财务管理体系更加的全面成熟化。要实现以上五点，从根本上需要加强高校经济管理专业的教育水准，保证财务管理人员在长久上能够实现良性供应，还有对现在企业财务管理人员，要在不影响日常财务管理工作的情况下，进行系统化的培训，使财务管理人员能够进一步发展，为企业财务管理工作做出更多，更好地贡献。要进行企业财务管理人员能力建设具体要从以下几方面入手：

完善企业的财务管理体制，建设激励机制与惩处机制。一是减少财务管理人员犯错现象的出现，从日常上工作上减少企业财务出错频率，进而激励财务管理人员由于精神层面与物质层面双向需求的改变，完善自身的工作能力，提高自我。

定期举办财务管理的培训活动，最好是与学历培训，及工作岗位及绩效审核挂钩，这样一来，不仅能够满足现有员工对与自我提升的需求，更能够对企业财务管理的绩效进行提升，对于企业与员工而言，是双赢政策。

推动企业良性竞争，建设员工评价新制度。对于财务管理人员而言，不同于营销员工的业绩显著，基本上工资也好，竞争环境也好，都处于一种平稳状态，就像温水煮青蛙一样，长久以往会磨灭人的进取心，要提高企业财务管理人员的能力，就要充分激发出财务管理人员的机动性。

三、共享中心建设与企业财务管理人员建设

AP（财务共享中心）会计不用像以前一样收集好每笔业务的原始凭证，也不用自行判断这笔业务该借什么科目，他们只需要关注贷方，即"应付账款"或"其他应付款"。在新型的 ERP 环境中，P2P 组的工作思维变成"我关注的是公司的流动负债不逾期也不提早地支付，而不是某一笔业务如何做会计分录"。因此月末计提未付费用时，每笔费用该借记哪个科目，他们只能参照 AP 模块出具的"待计提项报告"，至于这报告中显示的基于 ERP 系统预设的默认会计科目是否正确，P2P 组的会计们慢慢没有感觉了，因为原来的纸质原始凭证都不需要了。以前不懂业务怎么做账可以问填原始凭证的业务人员，可以在询问业务部门后在原始凭证上手工标注，而现在一切业务信息都在 ERP 系统被"标准化"了，不懂只能问电脑，因为即使你问业务人员，他也不知道你说的会计科目是什么。

前文曾经提到过共享中心的建设关键点之一就是加强企业财务共享中心人员的队伍建设，这就说明要建设企业财务共享中心就需要提高企业财务管理人员的能力，使企业财务管理人员能够进行财务共享中心的工作。不同于以往财务系统的管理工作，财务共享中心的工作人员的工作模式比较局面。根据事先编制好的《业务指导书》，财务共享中心的管理人员的工作分配十分明确，各人所接触的财务工作，例如会计核算业务都是比较片面的，长此以往，工作人员的思维会变得僵化，但是财务共享人员需要时刻保持清醒的头脑，能够处理各种财务系统问题，所以要定期对财务共享中心的管理人员进行换岗工作，从而实现财务共享中心运转的持久性及企业财务管理人员能力的全面性。所以，对于企业财务管理人员能力建设来说，财务共享中心建设是具有双面作用的，所以这不仅需要对财务管理人员定期进行换岗以外，还要定期进行培训工作，以保证财务管理人员能力的维持及提升，不会因为在财务管理中心的长期工作而导致财务管理人员能力的下降。

综上所述，对于企业财务系统而言，无论是企业财务共享中心建设也好，还是企业财务管理人员能力建设，说到底都是为了企业的发展壮大，故而从企业发展角度而言，财务共享中心建设，能够使得企业财务管理更加的明确，快速，标准及共享，帮助企业的财务管理运转，减少企业的运行成本。至于，企业财务管理人员能力建设，最主要地是提升企业财务管理的水平，帮助企业减少财务管理方面的失误，提升企业的整体竞争力。这两方面的建设存在交叉点，需要注意的是，在财务共享中心工作的员工，应该实施定期换岗培训工作，以便于他们保持良好的工作能力及思维模式，这也是企业长期发展的根本需求。

第三节　高校财务人员能力提升问题研究
——基于产教研视角

　　高校财务人员的招聘门槛不断提高，高校财务部门的管理职位却十分有限，基于产教研视角研究高校财务人员能力提升，不仅有利于高校财务人员提高专业技能，优化教师队伍结构，充实会计实务研究力量，更能为高校财务人员提供广阔的职业提升和发展空间。

　　产教研型高校财务人才是指高校财务人员中既具有扎实的专业技能和丰富的实践经验，能很好地胜任高校财务管理工作；又具有良好的会计专业理论知识，能较好地指导学生进行相应的实践实训教学；还能针对实际工作中的存在问题，积极开展应用性研究，解决高校财务工作难题的、集"产""教""研"于一身的"三栖"复合性会计人才。校企合作是当今职业教育的潮流，但要做好校企合作，仅学校主动很难开展，必须找准校企合作的切入点，充分调动企业合作的积极性。由于会计专业的特殊性，企业一般不愿意、也很难接收会计专业学生实习，笔者及所在的高校参照学校引进企业的校企合作模式，充分利用校内的有利资源，进行了高校财务处产学研一体化校内实习基地建设的全新尝试，在此基础上进一步从产教研视角研究和探讨高校财务人员能力提升问题，旨在提高高校财务人员的专业水平，优化财会专业教师队伍结构，充实会计实务研究力量，拓宽高校财务人员的职业提升和发展空间，为其他高校财务人才能力提升提供具实践价值和现实指导意义的参考与借鉴。

一、基于产教研视角研究高校财务人员能力提升的重大意义

（一）可以资源充分共享，达到多方互惠、共赢

　　随着我国高校教育事业的快速发展，高校办学、科研等各种经费与日俱增，财务工作量成倍增加，但由于高校事业单位编制有限，财务人员明显不足，巨大的工作量与有限的财务人员形成了尖锐的矛盾，出现了高校"报账难"怪象，浪费了教师们的宝贵时间，也严重影响了财务人员的身心健康。而与此同时，校内大量的会计专业学生则由于缺乏必须的实习机会，没有相应的实践实训经验，毕业后难以满足用人单位的需求。因此，建设高校财务处为校内会计专业实习基地，培养高校财务人员产教研能力，一方面可为会计专业学生提供有效的实习实践机会，另一方面可有效解决高校财务人员缺乏问题，能够达到资源充分共享，多方互惠、共赢的效果。

（二）可以为高校财务人员提供广阔的职业发展空间

　　高校财务处管理职位十分有限，财务人员缺乏发展和提升的职业空间，一些具有会计

师、高级会计师职称的财务人员仍然从事一线的报账、核算工作；而高校招聘财务人员的门槛却不断提高，连一些普通地方高校都开始要求财务人员的准入资格为硕士甚至为博士，如果不能做到产教研的充分融合，将是高校财务人才的巨大浪费，不利于高校财务人才队伍的稳定。

利用高校财务处建立产学研一体化实习基地，培养高校财务人员产教研能力，能够为高校财务人员提供广阔的职业发展空间，高校财务人员可以追求在财务管理职位上的提升，也可以利用自己在会计专业技能方面的优势，从事会计实践教学工作、甚至理论教学工作，也可以结合实际工作中的疑难问题开展相关的会计应用性研究，向教学型、研究型人才发展，也可以向产教研三栖型复合会计人才发展。

（三）充实高校财会实践课程教师队伍

经济越发展，会计越重要。随着我国市场经济的快速发展，社会需要大量的会计人员，高校会计专业招生也因此持续呈现良好的态势，这更凸显了高校会计专业教师短缺问题。高校缺乏有实践经验的会计专业教师、特别是优秀的会计专业实践指导教师，这给高校财务人员提供了很好的任教机会。经过在财务处 5 年以上从事会计工作的实践积累并取得会计师职称后，接受高校教师资格的培训和学习，掌握了基本的教学技能、取得高校教师资格证后即可指导学生进行实践教学，从事教辅工作；如能在学历上也进一步提升，取得硕士学位则还有机会进入会计专业教学岗位，担任会计理论课程的教学工作，不仅拓展了财务人员的职业发展空间，而且充实了高校财会教师队伍，特别是增强了财会专业实践教学力量，优化了财会专业教师队伍的结构，为社会培养更多用人单位适需的会计人才。

（四）可以进行会计应用研究，帮助解决会计实际工作中的各种疑难问题

目前我国会计实务界与学术界泾渭分明，学术界不乏众多理论研究精英，但应用型研究人才奇缺，而实务界正面临很多的实际问题急需解决，需要大量具有丰富实践经验又具有良好理论基础的财务人才进行相关研究。利用高校良好的科研氛围、教学部门的理论体系支持，结合财务处的实务工作环境和会计人员的实践经验积累，建立高校产学研一体化的实习基地，培养高校财务人员产教研能力，将有利于解决应用型会计研究人才、特别是高校应用型会计研究人才缺乏问题。

三、高校财务人员产教研能力培养方案

（一）产出能力培养

高校财务人员的基本职责是做好财务处相应岗位的本职工作，保证高校财务工作的正常、有序进行。要求高校财务人员必须具有良好的职业道德和较高的专业技术水平，努力成为预算管理、财务管理、内部控制等方面的财务专家、行家里手，才能保证高校资金使

用的安全与有效，达到资源的合理配置，有效防范和规避各种风险，促进高校健康、持续地发展。

1. 提高会计核算和监督等基本技能

核算和监督是会计工作最基本的两大职能，高校财务人员必须认真履行。首先，高校财务人员应当具有良好的职业道德，认真学习并执行国家财政部新颁布的《高等学校会计制度》和《高等学校财务制度》，正确核算并计提固定资产折旧。其次，会计核算工作琐碎而繁杂，连看似十分简单的原始凭证的填制和审核，要做好也不是一件容易的事。会计核算人员不仅要有较强的责任心，而且要具备扎实的会计技能，还必须熟悉国家对于相关票据的具体规定，了解相关的财会法规，对高校的运行机制有一个全面透彻的理解，才能做到加强原始凭证的审核，严格报账审批手续，合理运用会计科目、正确地进行会计核算，认真履行监督职能，切实做到核算依据的真实、完整，对不合法、不真实的业务不予受理，对不完整、不准确的业务予以退回，确保高校资金使用的安全和有效。在高校，财务部门被视为服务窗口，但是财务部门并不是纯粹的服务部门，受国家严格的财经制度约束。财务人员应当在认真执行国家财经制度的基础上提高服务质量，提高工作效率。严格审查票据的真实合法性，按预算规定报账，认真履行会计的核算与监督职能，严禁只凭预算、领导签字放行，放松对会计监督职能的行使。

高校财务人员更应当创新工作方式和方法，提高工作效率。面对当前高校"报账难"这个众矢之的的大难题，应当优化报账业务流程，创新报账模式，加以适当缓解和有效解决。

2. 提高全面预算管理能力

为了管好、用好高校的资金，高校经费的管理和使用应当严格按照预算进行，因此高校财务人员应当有较高的全面预算管理能力，建立并健全高校预算编制、执行控制和绩效考核机制。预算编制前，能够对预算编制环节、程序、政策等做出明确规定；预算编制过程中，能够与人事、教务等部门充分协调沟通，并深入各部门、二级学院了解情况，做到预算编制合理、科学；高校的年度预算应经由学校办公会、教代会审定批准，确保预算编制与高校党政工作重点、发展战略相协调。能够加强对各部门预算经费执行情况进行监控，保证高校和各二级学院、部门严格按照批复后的预算安排各项收支，并能及时发现预算执行中的存在问题，及时分析、及时提出整改措施。此外，能够帮助高校建立和健全良好的预算绩效评价机制，促进高校加强预算管理，提高资金使用效益。

3. 加强财务分析与风险防控能力的培养

当前高校财务普遍重核算、轻管理，缺乏对财务数据的分析和有效的风险防控，高校财务人员应当学习和掌握内部控制、管理会计等相关理论的先进技术和方法，并应用到高校财务管理工作中，加强财务分析和管理，为领导决策提供有力的参考依据。实现"报账型"会计向"管理型"会计的转变。

近年来，在国家扩招政策、教育主管部门的高校教学评估制度、政府债务补偿（化债、贴息）政策、银行对高校"子债父还"的认同等多重因素驱动之下，高校举债扩建蔚然成风，贷款、圈地、基建已成为许多高校的头等大事。为了有效防范高校投资和筹资风险，财务人员应当协助高校加强对学校发展和校园建设的重大投资项目的内部控制，必须对基建项目、重点学科建设项目、国内国（境）外科学技术文化交流与合作重要项目、重大合资合作项目等进行充分的论证，严格执行重大事项集体决策的议事机制，合理控制投资风险。对于筹资业务，应当建立债务风险预警体系，时刻关注经济环境和国家政策的变化，提前发现各种潜在风险，有效防范和化解财务危机。

4. 提高计算机水平与能力，有效地推进财务信息化

随着科学技术的飞速发展，高校校园网络资源十分丰富，高校财务人员应当努力提高自身的计算机水平，协助财务部门加强信息化管理，确保财务信息的安全与完整；能够有效地整合和使用各种网络资源，加强财务管理，如通过开放（发）经费查询系统，加强对财务预算的编制、执行和工资发放管理；通过实现财务收费系统与教务系统的选课系统对接，控制学生欠费问题；通过实现图书系统、资产管理系统与财务系统对接，加强资产管理；彻底解决目前高校教务、图书、财务、资产、人事劳资管理等信息管理系统的"孤岛"现象，做到信息资源充分安全共享。同时，能够做好网上信息公开，增加财务信息的透明度，充分接受广大教职员工的监督，有效地防控各类不良行为的发生。

（二）教学能力培养

高校财务人员应当努力提高自己的专业理论知识，掌握一定的教学技能，能够很好地指导学生实习实践，做到教学相长。

良好的专业素质、认真的敬业精神、严谨的工作态度、清廉的道德修养，都是对会计人员的基本要求，此外，对会计人员的沟通能力与交际能力也有颇高的要求。高校财务人员在指导学生实习的过程中应当注重学生专业技能的培养，更要注重学生的综合素质培养。

1. 职业道德教育

会计工作是一项十分严谨的工作，财务处作为现代高校管理的核心机构，更是涉及高校许多敏感的内容和商业秘密，在高校财务处开展实践教学，必须重视学生职业道德教育。实习的第一课必须加强学生的组织纪律教育，实习过程中更应当加强学生职业道德的培养，指导教师可以通过自己的亲身经历鼓励每个学生走好会计职业生涯的每一步。

2. 专业技能与综合能力培养

高校的会计岗位很多，为了达到良好的实习效果，对学生实习的内容和顺序要做好全面和统一的安排。在实习内容方面，要求能够让学生充分熟悉高校会计制度、企业会计制度，了解高校经济活动的特点、熟悉高校会计业务流程、了解高校预算编制与下达、学习会计科目的设置以及各类科目的具体核算内容、了解资金的收付、掌握会计分录的编制、了解会计电算化环境下账目的登记、结转特点，掌握对账技巧，学习电子会计报表的编制和分析，掌握往来账目的登记、核对和清理，学习账目的查询、各种会计数据信息的统计等专业技能。对于年终决算、年初预算、年终结转、年初新账建立等业务，亦要让学生们

有机会了解和学习。

在实习顺序方面，可根据实习内容进行选择，对于程序性要求较强的岗位应按部就班，按业务流程规定进行；对于程序性要求不强的岗位则可采取相对灵活、弹性的实习方式。对重点会计业务应重点实习，比如高校报账岗位的原始凭证审核与记账凭证编制是会计工作中最基础、最重要的环节，也是会计处理业务量最大的工作，其中领导审批手续、业务类型的判断、摘要的撰写更是理论学习中常常忽视的内容，最需要学生们通过实践加以学习和掌握，因此，对于最繁忙的报账岗位可先安排学生实习、安排学生重点实习。

3. 实践教学方法

采用"集中讲解、个别指导"相结合的方式。

（1）集中讲解。指导教师应当具有丰富的实践经验、阅历和成熟度，善于技能的传授。实习前，财务处指导教师必须做好充分的准备，利用假期时间收集、整理好原始凭证等各种教学素材，写好实习教案，以备在实习前对学生进行集中讲解，让学生对实习内容有充分的了解和认识，做好实习前的准备。

（2）个别指导。会计专业作为应用性很强的一门学科、只有把从书本上学到的理论应用于实际的会计实务操作中去，才能真正掌握这门知识。每个学生都有其独特的个性，指导老师应针对不同的学生因材施教，对于个别学生存在的问题进行个别指导，帮助其尽快适应实习工作。同时，指导教师应把握好指导尺度，做到"授之予渔"，教会学生正确的学习和工作方法，学会主动学习、主动工作，懂得正确地"偷师学艺"；避免学生对指导教师的过度依赖，甚至把指导教师当作"活字典"，事无巨细，一遇到困难就找指导教师"求助"，增加指导教师的负担。

4. 内部控制

由于会计工作的特殊性，不少单位对安排会计专业学生实习心存顾虑。为了保证高校财务处的工作正常开展，保证高校的资产和信息安全完整，有效地防范和避免各种风险，高校财务人员应当协助本校财务部门做好加强内部控制的各项工作，对实习生的工作和岗位进行周密的安排，并制定相应的管理制度，明确每个实习生的责任。比如参照实习医生无独立处方权制度，给每个实习生相对独立的财务系统使用权限，每笔业务必须经过指导教师的严格审核方能正式受理；对不相容岗位相分离，对每个学生在每个岗位的见习时间相对固定，考核合格后进入下一个岗位的实习实践等，实行严格的轮岗制度。

5. 考核制度

为了避免实习流于表面、敷衍了事，影响实习单位（校财务处）的正常工作，必须加强对学生实习过程的考核，记录学生平时的工作表现，对会计分录编制错误、银行回单乱放等现象予以扣分；对不遵守纪律，多次迟到、早退甚至旷课者；对不做好实习准备，多次指导仍不能顶岗上班者，取消实习资格。实习结束后要求学生提交实习日记、实习报告和实习综合鉴定各一份，作为培养学生写作能力、检查学生实习效果和评定成绩的依据；实习期间及实习结束定期召开实习座谈会，师生共同交流，做到教学相长。

（三）科研能力培养

高校财务人员应当充分利用高校有利的科研条件，积极进行会计实务研究。

许多会计实务工作者认为科研工作就是纯粹学术性的研究，觉得其非常"神秘""高大上"，不敢去触摸和尝试。其实科研工作有理论研究也有应用性研究，当前我国会计领域从事理论学术研究的专家学者很多，而进行会计实务研究、真正能把理论应用到实际工作中、解决实际问题的财务人才则十分缺乏。特别是高校财会工作中存在很多问题，需要我们实务界人员去研究、去解决。高校有着良好的科学研究氛围，有丰富的图书资料和电子网络资源，有学术界教授学者的强大理论支持，还有寒暑假的时间保证，具备从事财会科研得天独厚的优势，高校财务人员应当充分利用如此有利的条件，积极进行财会研究。

1. 论文写作能力提升

发表论文是考查财会人员科研水平的一项重要内容，也是财会人员参加会计专业及相关专业高级职称评审的一个重要砝码，高校财会人员应当努力培养并提高自己的论文写作能力。第一，可以请本校学报的编辑、审稿专家和教学部门的资深教师讲解和传授有关论文写作的方法与技巧。第二，可以从学校图书馆、国家图书馆和电子网络资源中下载相关的免费书籍和专业资料。第三，通过大量的阅读，在学习吸收他人的研究成果与经验的同时，用心研究和学习同行的写作方法与技巧。第四，选择与自己平常工作相关的内容进行写作尝试，通过练习写作不断地提高自己的水平。笔者认为，实务工作财会论文的写作不仅要善于对自己平常工作进行总结和归纳，善于吸收和正确借鉴他人的经验与成果，更要有自己独特的看法和见解。论文写作切忌抄袭甚至剽窃，更不要为了评职称而采取找人代写代发表，进行学术造假的短视行为、甚至违法行为，扰乱正常的科研工作秩序和环境，玷污科学研究的纯洁性。刚开始论文写作，不要过于求快、求多，"欲速则不达"，要先打好基础，再向量和质的方面发展。写成的论文，可以先选择一些一般性的刊物如各地方高校学报进行投稿，提高成功率、增强信心。经过一段时间的学习和提高后，再向《财会学习》《教育财会研究》等要求相对较高、但版面费较低、不收版面费、甚至有稿酬的刊物投稿发表，最后实现向《会计之友》《财会月刊》《财会通讯》等核心期刊投稿并成功发表的目标。

2. 科研能力提升

高校的科研能力是评价高校综合实力和师资队伍水平的一个重要标志。通常为了鼓励教师们进行科研工作，高校每年都会在年初预算中安排一定的经费设立校级科研项目、教学质量改革项目和其他一些专项课题项目，同时还会大力组织教师们积极申报市（厅）级、省（部）级和国家级的课题项目。财务人员可以结合财会实务中存在的问题进行相关的科学研究，积极申报各级研究课题和项目，如选择当今会计学和管理学方面的热点问题内部控制、管理会计等内容，以及国家新颁布的《高等学校会计制度》和有关政策，结合实际工作中的问题如报账难、会计核算、预算管理、财务风险、高校新会计制度实施等进行应用性研究，甚至还可以进行跨学科、跨专业研究，如针对内部控制的局限性，结合我国多民族地区、少数民族地区的独特文化，进行内部控制的本土化研究，那都将会取得意料不到的收获。

课题项目申报书的填写质量也是关系到项目能否成功立项的一个重点内容。高校主管科研的部门每年也都会结合项目申报开展相关的学术讲座，邀请资深的专家、学者介绍申报经验与技巧，开展科研项目申报动员和培训，高校财会人员应当积极参加；同时，高校财务人员应自觉、主动地向成功申报的教师虚心请教，并通过本校组织的课题申报推荐会，听取学校评审专家的建议和意见，认真修改，逐步学习并掌握科研申报的方法和技巧，最后达到成功立项的目标。

获得了课题项目立项，只是迈开成功的第一步，接下来的是开题和进行入正式研究阶段，财会人员必须耐得住寂寞，按照事前的计划安排，积极开展财会科研。在与教师们进行科研报账接触中也自觉注意接受科研学术的熏陶，在耳濡目染中，学习教授、学者们严谨的科研工作态度和理念，从其他教师们的选题、立项中得到启发，激发自己的研究灵感，促进科学研究成果的完成，争取按期顺利结题。

基于产教研视角研究高校财务人员能力提升是一种全新的尝试，也是对财务人员的更高更新要求，高校财务人员应当努力提高自己的综合素质，成为新型的"三栖"复合会计人才。

第四节　提升高校财务人员专业胜任能力的途径

现阶段各高校财务人员专业素质参差不齐，工作和学习的积极性不高，专业水平提升缓慢。原因在于：（1）高校财务工作与其他岗位工作相比内容烦琐、业务量大、风险性高、工资相对较低、晋升机会较少，导致高校财务人员缺乏工作积极性；（2）高校财务人员岗位流动性不强，培训学习机会少，尤其是从事基础财务工作的人员。由于岗位分工不同，许多高校财务人员长期从事一个岗位的工作，几乎没有外出培训学习的机会，专业知识日趋落后，专业素质无法有效提高，从而影响了高校财务管理水平的提高；（3）高校财务人员属非主流系列，没有专门针对财务人员的考评体系，仅从德、能、勤、绩等方面进行考核，考评指标设置不科学、不专业，无法真正反映高校财务人员的专业素质和专业水平；（4）缺乏针对财务人员的激励机制，工资薪酬仅与工龄和职称挂钩，对优秀员工激励不够，不能有效调动员工的工作热情；（5）没有建立高校财务人员准入机制。部分高校对财务人员的专业素质要求不高，普遍存在学历较低的现象。经调查，在高校财务人员中，第一学历为全日制大学本科毕业的不足50%，财务会计专业毕业的不足10%，财务人员入职门槛低、起步低影响了高校财务人员整体专业素质的提升。

一、提高高校财务人员专业胜任能力的必要性

是适应高校快速发展的需要随着我国经济的快速发展，全国高校的各项事业都得到了长足发展，校园规模不断扩大，教学科研项目日益增多，而由于受人员指标的限制，财务部门人员却得不到增加，大量的资金涌入给高校财务部门带来前所未有的压力。财务人员因每日需要面对成倍增长的业务量、资金量及报账人员而感到疲惫不堪，同时，效率低、态度差成为大家对财务人员的普遍印象。因此，提高现有财务人员的专业胜任能力是高校财务部门的重要工作。

是提升高校财务管理水平的需要随着高校经济的飞速发展，新项目、新业务层出不穷，在提升高校核心竞争力的同时，也考验着高校财务人员的专业胜任能力，更考验着财务部门的财务管理水平。完善的财务制度建设、完善的内部控制机制、完善的培训机制及完善的监督机制等共同构成高校的财务管理体系，同时也考验着高校财务人员的专业胜任能力。

是提升高校财务人员工作质量和工作效率的需要准确高效地处理好每一笔业务，在满足学校各项建设和科研项目资金投入的同时本着节约的态度合理利用资金，需要每一位财务人员具备丰富的专业知识、实务经验和熟练的专业操作技能。网络化时代的到来使高校财务工作也必须朝网络化、信息化方向发展，因此，网络和计算机知识在高校财务工作中也显得越来越重要。随着与国外高校联系的加深，越来越多的外国票据出现，对财务人员英语水平的要求也越来越高。

是提升教职员工和学生满意度的需要随着高校规模的扩大，教职员工和学生的人数大大增加，他们对财务部门的要求也越来越高。从每年对行政部门满意度的调查来看，对财务部门的满意度呈下降趋势。要改变这种情况，每一位财务人员必须转变思想，从"核算型"向"服务型"转变。服务好并不是态度好那么简单，而是综合素质的体现，这就要求每一位财务人员必须努力提升自身的专业胜任能力。

二、专业胜任能力的内涵

1973 年，美国哈佛大学心理学家戴维·麦克莱兰德博士首次提出"胜任能力"的概念和评价方法。他通过大量研究，对收集到的绩效优秀者和绩效平平者的相关数据进行分析，试图找到二者之间最显著的特征，从而发现了影响工作业绩的根本原因在于胜任能力。该理论被西方国家一些大型企业集团在考核和培养专业人才方面推广运用。

究竟什么是胜任能力呢？国际财务师联合会（IFAC）在《注册财务师国际教育准则》中对"专业胜任能力"给出了准确的定义："专业能力指证明能力所需要的专业知识、专业技能以及专业价值、道德、态度，是个人所掌握的能够确保完成自己职责的特质。胜任能力指能够使工作达到一个既定的标准，并是在现实的工作场所中，是个人所采取的决定他们的实际表现能否达到需要标准的行动。如果一个人利用其专业能力执行任务达到了所需标准，那么可以认定其达到了胜任能力，即个人是专业胜任的。"对此我们可以理解为

专业胜任能力是专业人员将其拥有的专业知识、职业技能、实务经验、职业道德等在现实的工作环境中充分运用并使工作达到既定标准的能力。

三、高校财务人员专业胜任能力的构成

鉴于高校财务工作对职业道德、人际沟通、专业知识、风险分析等方面要求的提高，以及高校财经学科的教学和培养需要，笔者拟从专业知识、职业技能、职业道德、实务经验四个方面分析高校财务人员的专业胜任能力的构成。

专业知识财务工作是专业性很强的工作，不具备一定程度的财务专业知识是无法胜任财务工作的。财务工作所要求的专业知识主要包括财务学、财务管理、经济法、外语等；财务主管以上级别的人员还需要了解审计、金融等方面的知识；为适应会计网络化需要，还应具备一定的计算机运用知识。财务人员的专业知识主要可从以下三个方面获得提升：（1）高校财务人员专业技术级别。高校财务人员的职称认定需要参加全国财务专业技术资格考试，考试科目主要有财务会计、财务管理、经济法，涵盖了企业财务和事业单位财务的相关专业知识，全部通过后颁发《专业技术资格证书》，该证书的取得在一定程度上表明该高校财务人员具有的专业知识水平；（2）学历教育层次。学历教育是专业知识的基础，不同层次的学历代表着高校财务人员接受的专业知识教育的程度不同，从而对财务工作理解的高度和深度也有所差别，从一定程度上影响其对工作的胜任能力；（3）继续教育。随着我国改革进程的加快，财务等相关制度的改革更是发展迅速，基本每隔一两年就有一次较大幅度的变革，仅停留在高学历、高职称上而不积极学习新业务新知识就会跟不上改革的步伐，势必被日新月异、飞速发展的时代所淘汰。财务人员应该积极主动地参加各种专业培训，增强自我学习意识和能力，以扩展自身专业知识，财务机构或部门也应加强各种专业培训的力度，丰富培训形式，以提升高校财务部门整体财务水平。

职业技能专业技能是高校财务人员将其所掌握的专业知识在具体的工作环境中充分运用，发现问题、解决问题并提出有价值的专业性建议的能力：（1）对变革和发展的应对能力。包括对变革的适应能力、学习能力、自我管理能力等，自我学习、自我管理的能力在当今发展迅猛的时代显得尤为重要；（2）人际沟通能力。包括口头和书面表达能力和技巧、与人沟通能力、与他人协作的能力等；（3）组织和管理能力。包括战略管理能力、团队建设能力等；（4）执行能力。包括洞察判断能力、分析决策能力、工作执行能力、承受压力的能力等；（5）创新能力。包括对新业务、新知识的学习应用能力，在现有制度流程基础上针对发现的问题改革创新，探寻新的思路和方法，从而提高管理水平和工作效率的能力。

职业道德财务工作的特殊性决定了对高校财务人员的职业道德要求特别高。主要包括：（1）正直诚信。这是财务人员应有的职业品质，正直诚信的优良品质能增强公众对财务人员和财务工作的信任度；（2）遵纪守法。这是对财务人员最基本的职业要求，任何偏离法律的财务行为都会给企业和自身带来耻辱和损失；（3）职业审慎。这是财务人员应

有的专业态度,财务人员的任何微小疏忽都有可能给企业带来不可估量甚至不可挽回的损失;(4)职业修养。财务人员在言谈、举止、衣着、行为等方面应保持稳重,与职业要求相符;(5)保守秘密。在竞争激烈的时代,所有与财务有关的资料、数字等都是财务机密,稍有泄露都会给企业带来损失。

实务经验这是高校财务人员专业知识与工作阅历良好结合的产物,常形成高校财务人员独有的专业能力,包括工作实绩和实务经验。工作实绩主要反映在工作质量、工作效率、优质服务、科研成果等方面,主要包括处理纠纷的技巧、仪态仪表、服务态度,以及在工作中不断学习研究取得的课题、论文等科研成果。实务经验主要是处理业务问题和对风险的识别、控制能力。首先要具备将专业理论知识与实务环境相结合并在实务环境中灵活准确地运用的能力。其次要具备对于在实务环境中由于对制度理解不透彻、操作不规范等而可能形成的潜在风险加以快速识别和控制的能力。

四、提升高校财务人员专业胜任能力的对策建议

完善从业前的学历教育和专业培训财务人员。从业前的财经专业学习多以会计专业知识为主,对职业技能、职业道德方面的学习往往重视程度不够,如对变革和发展的应对能力、人际沟通能力、执行能力、创新能力、在工作中运用专业知识能力、风险识别和控制能力、自主学习能力、职业审慎、职业修养等方面的训练非常缺乏,许多高学历会计人员不能胜任实际工作,就是因为缺乏这方面的能力。如果能在学校得到这些方面的学习和训练,将大大缩短在今后对新工作岗位的适应过程,并能有效提升其在实际工作中的专业胜任能力。

建立财务人员准入机制。现阶段财务人员专业素质不高的主要原因在于入职时对财务人员的专业水平要求不高,准入门槛较低。随着高校的发展及财务部门的转型,高素质财务人员的配备显得越来越重要。要提高高校财务人员的整体素质,必须建立财务人员的准入机制,在高校招聘时应严格按照专业胜任能力的要求,从专业、学历、职业道德、专业素质等方面选择综合素质较高的财务人员。

健全财务继续教育等培训机制。在财政局要求的每年必须的继续教育培训之外,财务部门可以组织高校财务人员进行内部培训。(1)定期或不定期组织高校财务人员对新业务、新制度进行系统学习和讨论。(2)建立培训讲师制度,由财务主管、业务骨干担任,也可以大家轮流担任,针对相关制度规定或工作中遇到的问题进行分析、讲解,督促大家更深入地学习相关业务知识。(3)定期或不定期组织业务技能考试、竞赛。(4)邀请经管学院教授或专家做专题讲座。(5)到外校进行短期培训。

建立科学的考核激励机制考核的目的是使高校财务人员科学地、客观地认识自己的专业胜任能力,增强竞争意识,激发工作积极性,有的放矢地学习并提升自身专业素质。对待考核优秀的人员要进行精神或物质奖励,在评先、晋升、加薪时可作为优先考虑的对象,以此增强优秀财务人员的成就感,进一步激发其工作热情和工作主动性,从而调动全体财务人员的工作积极性和进取意识。

　　提升财务人员的创新意识可举办各种活动，如通过征求财务工作"金点子"和新创意、将工作中的难题编成案例组织大家讨论、开展问卷调查等方式，引导财务人员对财务工作积极思考，激发创新意识。对评选出的"金点子"、新创意要给予嘉奖并在工作中实施，以此增强财务人员的荣誉感和工作积极性。

　　随着经济全球化的快速发展，高校财务人员面对的环境及专业知识等都发生了巨大的变化，财务工作再也不只是做账那么简单了。高校财务人员必须努力提升自身专业胜任能力，财务部门也应从专业胜任能力的角度出发，对财务人员进行培训和指导，激发财务人员的学习热情和工作积极性。

第五章　校企合作研究

第一节　校企合作几点看法

全文从建立校企合作长效机制、企业参与专业调整，企业参与课程改革，校企共建教师队伍，共同培养学生，共建实习实训基地和做好顶岗实习七个方面就校企合作提出自己的看法，有较强的现实指导意义。

当前，对于职业教育，国家提出要深化产教融合。校企合作，这是职业教育当前发展的一个重点和难点，也是提高职业教育质量的必由之路。校企合作，是一个复杂的工程，这里，笔者结合学校实际，提出自己的几点看法和实际做法，与同行商榷。

一、建立校企合作长效机制

所谓长效机制，就是充分调动企业、行业和学校的积极性，这里面包括利益机制、运行机制和约束机制，甚至包括情感在里面。长效机制，必须考虑到企业的利益，企业最大的利益是用人，所以笔者觉得应成立"订单班""冠名班"，这样才能真正调动企业积极性，真正实现共同育人。当然，国家也会通过经济杠杆等政策来调节，这是一种根本政策。只有充分调动企业、行业积极性才能形成长效机制。至于是校企合作理事会还是职校联盟只是一种合作的平台或合作的形式。

二、专业调整必须企业参与

职业教育不能关上门来办，专业设置必须适应经济发展特别是区域经济发展、产业结构调整、新旧动能转换。要不断调整专业设置，就必须深入社会和企业调研，了解需求。当然，专业设置还要有前瞻性，不能一窝蜂乱上。以我们学校而言，计算机应用专业人数过多，造成专业特色不明显，学生就业不对口，计算机专业学生大多去了电子厂。于是学校果断调整，分流到物流、电子商务等专业，学校就业质量和对口就业率明显提高。当然这是学校充分调研当地产业得出的结果。因为齐河正在利用区位优势，大力发展物流专业；随着"互联网＋"的推进，电子商务方面的人才需求十分强烈。这样，物流电子商务专业应运而生，学生入学人数大幅度增加。企业参与专业调整，就要参与专业人才培养方案的修订和教学实施方案的修订，并加入专业建设指导委员会，在专业建设上有发言权。

三、课程改革必须企业参与

开门办职教，课堂也是关键，课程设置、教学内容、课程标准，教学方法改革都要有职业性和开放性。课程资源的开发，校本教材的编写、教学模式的改革，评价模式和方法的改革都要耐心听取企业意见，做到岗位标准对接教学标准。

四、校企共建教师队伍

作为学校，对操作性能的课程完全可以请企业的教师或能工巧匠讲授并实践，传授真正的实践技能，并带动学校教师尽快成长起来。要敢于把学校教师送到企业学习新技术、新工艺和新理论，要善于把企业人才引到学校从事教学和指导工作。这样走出去、请进来，才能真正打造"双师型"教师队伍，打造专兼结合的专业教学团队。我校过去10年把教师送到企业实践，学校倡导提高待遇并给予差旅补助，教师动手技能提升较快，先后涌现了多位山东省青年技能教师，德州市首席技师和多位专业名师，有了企业经历，老师上起实践课来才能得心应手。

五、共同培养学生，协同育人

学生是学校的，同时也是企业的，所以，校企应该协同育人。可以采取校内实习、跟岗实习和顶岗实习形式，共同培养学生，企业平时也可以走进学校，进行企业文化制度和技能教育，实现共同育人。我校与山东远大特材股份有限公司，山东坤河旅游公司合作，企业定期走进学校授课，同时把专业的文化制度和生产工艺技术应用到学校中。毕业生一毕业就可以上岗，免去了试用期。

六、校企共建实习实训基地

我们认为，学校设备一般是落后于企业的。如何共建校内实习实训基地，笔者认为最好的办法是场地和学生学校提供，设备和技术企业提供，从而资源互补、利益共赢，让学生在真实的工作场景中得到训练，提高实践动手能力。同时，还应该进一步增强自我发展与良性运行能力，提高实习实训基地的使用效率。如何共建校外实训基地，笔者认为企业要舍得投资，规范管理，真正注重实效。

七、做好顶岗实习

实习是教学的必要环节，校企合作不能回避实习环节。现在的，对实习不适应，适应能力差，往往不稳定，这需要一是学校要加强实习前教育，二是企业要多投入人性化的管理手段，多和学生交流沟通，学会换位思考。实习单位不可以重使用轻培养，不能仅仅把顶岗实习学生当成廉价劳动力，甚至不能保证实习学生的合法权益。

顶岗实习要做好学生心理调适。要让他们明白，学校对学生的要求是很严很高的，而企业对实习学生是用标准要求的，所以必须有这个心理预期，才能达到企业的适应期。对于实习报酬，也不能要求太高。实习指导教师要得力，要教育好学生摆好自己的位置，确定好自己的角色，调整好自己的心态，从基层做起，从小事做起，从细节做起，学会用企业的员工标准思考问题要求自己。

顶岗实习要完善管理体系，学校必须有顶岗实习计划和管理办法等制度和规定，进一步完善和规范顶岗实习工作程序，明确顶岗实习的要求和工作目标，并与企业签订实习协议，保证学校学生和企业各自的权利和义务，这样顶岗实习才能实现规范管理、过程管理和有序完成。

顶岗实习的老师要发挥自己的作用。要经常与实习学生进行谈心交流关注其实习、生活和思想指导，教育学生注意顶岗实习的要求，严格遵守企业规章制度，及时传达学校要求，并认真帮助学生在实习过程中的各种困难，协助完成对学生的顶岗实习成绩考核，指导学生完成实习总结。

总之，加强校企合作的目的是为了完善人才培养模式，深化教学模式改革，创新人才评价体系，提高人才培养质量，最终为企业提供合格的技术技能型人才，实现校企合作共赢。只要找到双方的利益点，还是能够实现合作的。作为一所职业学校，应该从学校实际出发，从学生利益出发，大胆探索，努力做好校企合作，形成协同育人机制，努力为社会发展培养更多的优秀技术技能型人才，办人民满意的职业教育。

第二节　校企合作机制

校企合作是高等职业教育的题中之意，但校企合作也面临着现实困境。究其原因，校企合作机制制约了校企合作的良性发展，探索构建校企合作的内部机制和外部机制，推动校企合作深入持续发展具有现实意义。

一、问题的提出

校企合作以高职院校和企业双方相互服务为宗旨，以培养技术技能人才为目标，以双向参与、深度融合为形式，在提升高职教育质量、推动高职教育可持续发展中发挥着重要作用。党的十九大报告提出："深化产教融合、校企合作。"《国务院关于加快发展现代职业教育的决定》（国发〔2014〕19号）明确提出："鼓励企业参与举办职业教育，并逐步推进校企合作制度化建设。"《国务院办公厅关于深化产教融合的若干意见》（国办发〔2017〕95号）提出要"校企协同，合作育人，调动企业积极参与，构建校企合作长效机制"。然而，目前校企合作在具体的实践过程中，难以达到预期目标，政府政策缺乏鼓励性，学校急功近利，企业参与的积极性不高，校企合作还停留在浅层合作层面，校企合作的机制不完善，没有建立校企合作长效机制，校企合作机制制约了校企合作的良好发展。

二、校企合作的现实困境

由于历史的原因和现实的情况，我国的校企合作模式基本上以学校为主，这种合作模式又成为矛盾和问题产生的逻辑起点，高职院校自身基础薄弱，难以吸引企业合作，而企业以追求利益为目标，校企双方缺少合作基础，更重要原因在于缺乏推进校企合作深度发展的合作机制。

（一）校企合作互利机制缺失

校企合作原本旨在通过让学校和企业的技术、设备等优质资源得到整合，实现优势互补、互惠双赢、共同发展，切实增强育人的针对性和实效性，让学生所学知识与企业实践有机结合，提高技术技能人才的培养质量。高职院校利用校企合作培养人才，追求的目标是育人质量和办学效果，实现社会效益最大化。而企业作为独立的社会经济组织，其根本目的是谋取经济利益。然而，在以学校为主的校企合作模式下，学校要遵循教育规律办学，往往忽视企业的实际需求，将企业作为附属机构置于被动地位。这也是校企合作表层化、脆弱化和"校热企冷"的根本原因所在。其次，校企合作前期，企业需要投入大量的成本，而且这种投资回报周期长，校企合作双方很难一时找到利益平衡点。由于受经济因素、认知偏差和时空错位的影响，校企合作在利益目标上缺乏契合点，导致校企合作互利机制缺失。

（二）校企合作沟通机制缺失

校企合作能否建立起沟通机制，很大程度决定了校企合作的深度和效益。校企合作沟通机制不畅：一方面，高职院校缺乏校企互动人才培养信息，仍然采用单向度内运行的传统方式，无法使专业人才培养目标与市场动态需求吻合；无法掌握顶岗实习实训的动态实时信息；无法反馈毕业生就业质量、企业满意度等信息给企业。另一方面，企业也无法将一线的岗位工作流程、岗位工作要求等基本信息及时传送到学校，使学校有针对性地更新课堂教学内容。

（三）校企协同育人机制缺失

校企合作缺乏协同育人机制，具体表现在：一方面，高职院校技术服务能力和成果转化能力普遍不强，在专业设置、实习实训、教学实施、平台建设等方面不能很好地适应区域经济转型升级发展；另一方面，校企合作很少涉及企业核心应用技术研发等方面的内容，更谈不上转换为学校培养技术技能人才。校企双方无法提高人才培养质量和社会服务能力。

（四）政府激励保障机制缺失

政府激励保障机制缺位，究其原因，第一，我国的高职教育法律体系不完善，没有明确法规制度保障，目前只有国家层面《中华人民共和国职业教育法》中笼统的法律约束，没有相应的地方性法规，对于校企合作过程中涉及的学校和企业的权利、义务、法律责任等微观层面的相关法律、制度，更没有明确的标准。第二，国家对校企合作投入的经费不足，校企合作没有成型的标准参考，很多校企双方基本上都是一事一议，签订校企合作协议多数为形式主义或短暂行为，校企合作过程中缺乏制度保障和稳定经费来源，致使校企合作无法有序开展，又难以持续有效深入合作。

三、推动校企合作的改革思路

辩证唯物主义认为，事物的发展是内因和外因共同作用的结果，但二者的地位和作用不同。校企合作双方积极参与是推动校企合作改革的内部源泉和动力，政府作为第三方是促进校企合作的外部发展的必要条件。

（一）提升校企双方实力，增强校企合作的动力

校企合作的动力不足问题，存在两方面原因。一个重要的保障因素是高职院校自身竞争力要强，培养的学生不仅要能够完全满足企业需求，很快成长为企业骨干，而且教师的科技创新能力要强，能帮助企业解决技术难题。另一个重要的保障因素是企业要有实力，才能开展合作办学，安排学生顶岗实习，提供就业岗位；提供企业生产标准，参与课程开发与课程标准制定；提供兼职教师，接收教师实践锻炼。

（二）提高校企双方参与度，增强校企合作的实效

企业在校企合作过程中的积极性不高，归根结底是校企合作的实效不明显。人力资本投资是众多投资收益中收益率最高的一项投资，把培养学生当作培养成企业"准员工"，学生对企业文化已形成认同，最终学生进入该企业后，能够很快成长为合格员工，为其发展注入新活力。校企合作参与程度要提高，利用彼此的科研平台和科研团队，提供智力支撑，帮助解决部分技术难题，提高科研团队的科研水平，增强科研转化的积极性，真正实现校企互利双赢。

（三）增强政府引导激励，完善相关法律法规

借鉴发达国家职业教育法律法规的保障政策，加强政府政策引导：一方面，督促地方政府对校企合作立法进行积极探索，出台校企合作促进办法，强化统筹发展职业教育责任，推动与引导社会力量参与办学，在校企合作、人才引进、社会服务等方面提供政策支持；另一方面，政府提供财政激励和支持，整合职业教育资源，重点支持高职院校建设和发展，制定技术技能人才培养规划，定期发布人才供求信息，提供就业服务。

四、构建校合作机制的途径

校企合作的本质要以育人为出发点,从全社会的角度,以系统论和目标管理理论为指导,构建以人才培养为目标、遵循教育规律的校企合作内部机制,它有利于实现校企互利互惠、合作共赢;同时构建以遵循市场经济发展规律的校企合作外部机制,校企合作机制的第三方应为政府,政府需要加强宏观调控,统筹部署,出台优惠政策引导企业积极参与校企合作,并推动企业参与高校人才培养。

(一)构建校企合作内部机制

构建互利合作机制,提高校企参与度。构建校企互利合作机制,满足双方利益诉求,促使校企合作从自发走向自觉,从被动走向主动。学校通过校企合作,充分利用企业的设备、场地等满足学生实习实训的需要,同时培养适销对路的高素质技能人才,解决学生的就业问题。企业通过校企合作,共同培养所需要的专业人才,节约了企业招聘和培训的成本,还可以利用学校的科研力量,通过资源交换共享,共同研究开发新技术和新成果,促进校企间的互融互通、互利互惠,逐步融合。

构建运行管理机制,提升校企合作水平。(1)开展校企合作共建平台机制。加强校企合作办学内涵建设,深化校企合作办学,建立校企合作课程开发平台,课程对接专业和岗位,构建"一体化"课程体系;搭建"工学融合"实训平台,开展暑期实践,工学交替、顶岗实习;共建师资培养平台,开展专业骨干与青年教师的培训。(2)建立校企合作的管理机制。校企合作双方应制定相应政策,加强运行管理,如制定《教师挂职工作手册》《实习生行为规范》《实习生管理手册》《企业对实习生管理规定》等操作性文件。研究制定校企合作协议文本和人才培养协议,并在主管部门备案;人才培养协议交由学校、企业和学生三方共同签署。探索建立校企合作"准就业"机制,促使学生顺利实现专业对口就业;校企合作双方平衡利益,协调处理问题和矛盾,保护学生合法权益。

构建协同育人机制,提升人才培养质量。(1)校企双方应以提高人才培养质量为目标导向,研究制定《校企合作协同育人实施办法》,校企双方要开展前期的市场调研,准确定位人才培养的目标与质量,把企业用人标准与高职院校培养目标相结合,共同制定专业人才培养方案,做到人才培养的质量与行业企业的岗位需求相对接,实现课程与岗位、专业与产业的紧密衔接。根据社会区域经济发展情况、产业结构转型升级的要求,以职业能力培养为目标,根据岗位任职要求制定专业的人才培养方案,动态调整校内专业结构以及课程设置,创新人才培养模式,健全教学质量管理和保障制度,形成校企协同育人新机制,全面提升育人质量。(2)校企合作要共同建设一支"双师型"师资队伍,有力保障校企合作顺利开展。一是鼓励企业接纳教师到企业进行顶岗或挂职,参与市场调研、工作分析、岗位分析,及时调整教学内容适应市场变化。二是学校要聘请企业的专家、技术人员作为兼职老师,通过专兼教师相互培训学习,加强对实践教学的指导,提高实践操作能力。三是建立师资培训考核机制,对应管理岗、专业技术岗、工勤技能岗三大类岗位职责,建立分类分层考核体系，加强入职岗前培训、在职培训的考核验收，实行岗位聘任动态管理。

（二）构建校企合作的外部机制

创建激励机制。政府应发挥主导作用，建立激励机制，调动校企合作双方的积极性。激励机制体现在政府能够提供足够的资金支持，设立奖励专项资金，专款专用，对积极参与校企合作师生员工，给予物质奖励和资金奖励；政府要及时制定税收减免制度，对积极参与校企合作的企业适当实行税收减免，激励企业参与合作。政府要加大对校企合作激励机制的宣传力度，营造良好的社会舆论环境，充满正能量，鼓励各方参与资源共享，提升自我优势，互相吸引和相互激励，充分展示校企合作的优秀成果，使各方看到校企合作的光明前景，重视校企合作，提高职业教育的关注度。

完善监督保障机制。针对校企合作的实际情况，政府应完善校企合作法律法规，出台校企合作相关政策和各项奖励扶持政策，进一步明确校企合作各方的责权利，建立政策和法律法规层面的保障机制。第一，将政府政策细则化。各地方政府要紧跟国家宏观政策，因地制宜，因时制宜，研究制定出具体配套政策和实施细则，明确地方政府、企业、学校各方的责任和义务。第二，将扶持政策经济化。政府积极参与校企合作，可以适当通过立法手段，给予企业一定的财政补贴、税收优惠和金融信贷方面的支持，例如企业可将有关教育培训费用计入成本向政府申请补贴等。第三，建立政府、学校、企共同参与的校企合作三方监督保障机制。校企合作应进行专项督导，负责督促落实校企合作双方的职责，定期发布督导报告。通过建立监督保障机制，明确各方的责任和权利，使校企合作有法可循、有法可依，防止短期行为，推进校企的深度交流与合作。

校企合作面临着前所未有的挑战与机遇，校企双方应不断构建与完善校企合作的长效机制，找到统一的合作目标和利益结合点，构建校企双方责任与利益共同体，坚持市场导向，明确自身职责，充分发挥协同创新带来的政策和资源优势，强化合作理念，扩大合作范围，延长合作链条，努力解决校企合作的实际问题，促进高职教育持续健康发展，提高人才培养质量。

第三节　校企合作的"三定"要素

当代社会，教育改革正处在优先发展的位置上，全面深化教育改革是当前发展我国高校高职教育的重要课题。校企合作是当前教育改革的核心问题之一，为了更好地开展校企一体，产学链接，提高高校高职教育生存和竞争的能力，该文提出了高校高职教育应做到精准定位、精确定向，以及精施定力的"三定"要素，为不断创新人才培养模式而不懈努力。

校企合作，是一种改革和打造新时代具有中国特色的高校高职教育新模式。构建校企命运共同体，是探索、完善、深化和发展我国高校高职教育的重要课题，要做好这项具有现实和历史意义的工作，必须把握和运用好"三定"要素，使"三定"要素不断有新的突破，并且不断取得新的成果。

一、精准定位是校企合作的前提

"教育兴则国家兴，教育强则国家强"，习近平总书记指出"两个一百年奋斗目标的实现，中华民族伟大复兴中国梦的实现，归根结底靠人才，靠教育"。因此，党中央先后提出并实施了科教兴国战略、人才强国战略和创新驱动人才发展战略，把教育改革放在优先发展位置上，全面深化教育改革。作为高校高职教育，如何改革和发展，如何提高高校高职教育生存和竞争的能力，如何提高高校高职教育大学生创业和创新技能，全面准确、深刻领会、贯彻落实、践行完善习近平总书记的讲话精神和党中央的战略决策部署，精准定位办学理念、方向、目标，不断适应和满足新时代经济社会发展需求，是办好高质量、高水平、高技能高校高职教育的重要前提。比如，开放式办学与吸入式办学并举，不断总结、完善和加大开放式办学与吸入式办学合作力度，建立并健全开放式办学与吸入式办学长效机制，全面提高开放式办学与吸入式办学合作水平，形成一个"目标一致，战略合作；校企一体，产学链接；建管并进，成果共享"的治学理念和合力办学、合力育人、合力建设、合力研发、合力拓展、合力探索、合力攻关、合力突破的工作体系。建设和打造一支具有中国特色的高等高职教育新格局，做到办学方针明确专业技能突出，立足当前，着眼未来，不断为国家、行业、企业输送符合和适应经济社会发展的高素质、高技能、高水平人才。

二、精确定向是校企合作的根本

习近平总书记指出："教育是民族振兴、社会进步的重要基石，是功在当代，利在千秋的德政工程，对提高人民综合素质，实现中华民族伟大复兴具有决定性意义。"按照习近平总书记的讲话精神，党中央、国务院结合我国高等教育的实际情况，出台了一系列政策措施，比如，鼓励大学生创业、创新、创造能力，特别是要求和鼓励高校高职教育的校企合作，联合办学，即"订单模式教学法"，为大学生创业、创新、创造提供更多的实习、实训、实践的平台和机会，使高职教育更加具有独特性、针对性、实用性、专业性、操作性。通过校企合作、联合办学，使学校的日常教学活动规划以行业、企业需求和就业为导向，贴近行业、企业需要去培养人才，使每个大学生都能按照自己的职业规划、精确定向，做到学有目标、学有所长、学有所成、学有所用，并且在创业、创新、创造的学习实践中找准方向和靶点，实现人生的奋斗目标和个人价值。

为了适应新时代、新形势、新变化、新要求，在制定校企合作、联合办学规划，以及教程安排、目标管理上更要先行一步，深刻领会、把握、理解习近平总书记关于高校教育和建设的重要论述以及党中央、国务院的重要部署、决策、设计和要求。改进教学理念，改革教学方式，改变教学习惯，把适合经济社会发展要求，适合行业、企业发展需要，开发大学生学习热情和积极性，激发大学生创业、创新、创造潜能，贯穿校企合作、联合办学的始终，进而增强广大高校高职大学生对"教育兴则国家兴，人才强则国家强"，实现中华民族伟大复兴中国梦的使命感、责任感，自觉投入到建设新时代中国特色社会主义的伟大征程中，成为未来建设社会主义现代化强国，实现中华民族伟大复兴中国梦的主题曲。努力培养出更多、更好、更能满足党、国家、人民、时代需要的人才。

三、精施定力是校企合作的基础

习近平总书记指出："当前，我国高等教育办学规模和年毕业人数已居世界首位，但规模扩张不意味着质量和效益增长，走内涵式发展道路是我国高等教育发展的必由之路。"为此，我国高校高职教育要深刻体会、认识、遵循和落实习近平总书记的指示精神，在实施、完善校企合作，联合办学的模式中互相渗透，互补短板，它不仅打破了传统意义的高等高职教育架构，而且要探索、尝试建立一套科学、严谨、高效的教育新体系，充分发挥各自优势，合力打造高端技能型人才。把朝阳产业、龙头企业、名牌企业老板、工程技术人员请进高职教育学堂，特聘为客座讲师或教授，与高校高职教师合二为一，组建和形成一个互相渗透、优势互补、短板互补、理论和实践并行、各有侧重、因需施教的定力点。比如，邀请企业受聘人员参与学校人才培养全过程，共同承担培养工作，并与学校一道参与制定专业发展规划、人才培养战略、专业培养实施方案等。再比如，在学生完成学校正常教学活动、任务和计划的同时，由企业进行专业课实践培训、岗位技能培训、企业精神和企业文化教育等内容培训，把学生学习和实习、实训有效地持续交融在一起，使学生从大一起就能与3年后的就业相联系和挂钩，使专业教育学习更具有针对性和现实性，从而在学习的过程中实现理论与实践相结合。与此同时，高校高职教育、专业教师也要走出去，即下企业，看实际，重实践，善思考，充足"电"，升水平，使自己的理论学识、专业水准，在"下沉式"的锻炼中，不断提高到新的层次，通过精施定力，实现充分发挥学校的理论学术、科研成果、人才技术等教育资源优势，并利用企业项目、设备和实践等条件，做到"产、学、研"相结合，建立和完善以企业为主体的技术创新和以学校为主体的理论创新相融合的人才培养体系。

"空谈误国，实干兴邦"。总书记的教诲催人奋进，作为民族复兴，基础工程重要力量的高校高职教育，一定要不辜负总书记的希望，真抓实干，在校企合作过程中，突出职业教育特色，使高校高职教育适应新时代和国家发展新阶段、新常态，不断推进产教融合、校企合作的高校高职教育健康有序向前发展，全方位拓展校企合作的内容和途径，构筑最为坚实、坚定的发展共同体，为不断创新人才培养模式而不懈努力。

第六章　校企合作模式

第一节　"互联网＋校企合作"模式

在互联网技术和交互式多媒体的发展下，以智能手机、平板电脑为代表的移动终端的飞速增长，生活已全方位的被移动互联网覆盖。随着信息化教育的推广，如何将"互联网＋"思维有效地运用到校企合作模式中是高职院校急需探索的问题。

习近平强调，"没有信息化就没有现代化"，信息化的建设已经到关乎国家富强、民族素质提升的战略高度。"互联网＋"与传统行业相结合的颠覆性创新对各个行业的都产生了巨大的影响，利用"互联网＋"平台，不同产业的上下游之间可以更有效地实现信息传递、知识共享、横向交流和纵向协同，形成新的产业价值网络，更好的深化社会分工和提高专业化水平。

一、互联网背景下校企合作模式的发展趋势

校企合作的实质是工学结合。在德国称之为"双元制培训"，英国称之为"三明治工读制度"，美国称之为"合作教育"。在我国，随着大学生就业压力的不断增大，高校、政府、企业等多方都在积极寻求扩大大学生就业的途径。校企合作作为职业院校重要的建设项目，在目前信息化的普及下，可以利用互联网的大数据资源，将企业用人数据与职业院校人才培养计划相对接，将线上企业资源与线下课堂教学相结合，以网络视频共享资源等方式，将企业的先进的生产技术、管理方法和生产过程面向学校开放，师生共享其精华片段，教师有针对性的设计课程，然后对学生进行教学和指导，学生可以真实的了解企业的实际生产，也可以改变传统的送学生去工厂参观的模式，节约双方的时间和经济成本。

二、校企合作模式的现存问题

我国大多高职院校在校企合作模式主要有以下：校内创办实体企业、引企入校生产、承接企业项目、订单班、去企业参观实践、建立校外实训基地、企业培训等。在互联网技术的冲击下，这些传统的教育模式的弊端慢慢显现，现归纳如下：

校企合作化程度低。从我国各示范性高职院校的校企合作模式上看，大多数合作模式

为企业与学校达成合作意向后，学校根据企业的需求，有针对性地制订培养计划和专业课程。这种单纯改变课程的方式，仅仅只是拥有"校企合作"的名义，没有将校企合作深入并进行有实质性的合作开展，也无法达到双方共赢的目标。因为从企业方来说，企业的本质是追逐利润最大化，从而能推动企业的进一步发展，如果在校企合作中企业不但感到无利可图，反而还要耗费企业自身大量的资金、时间、精力来进行投入，对于企业来说是不经济的，也无法开展出有实质意义的合作。因此，在目前互联网技术的大力冲击下，这种名义的校企合作更显落后和效率低下。

培训师资的严重不足。校企合作模式若要保持良好的开展，首先需要优秀的教师团队。而在高职院校中，大多数教师是从高校毕业直接踏入职教从事教育工作的，没有企业工作的经验，教学上就难以跟上企业的最新技术发展变化，在校企合作过程中也容易出现纸上谈兵的现象。虽然现在很多高职院校采用定期让教师下企业锻炼的方式进行学习，但鉴于人数和时间的有限，不能从本质上得到改善。即便企业分享了最新的技术和管理方法，老师们也无法将其进行较好的理解和整理，再进行有效的学习和应用，这也导致了校企合作的模式不能得到有力的创新。

资源的利用效率低。互联网技术的发展和交互式多媒体的应用，使的很多教育培训机构利用各种实体、网络的二平台，用更现代化的方式授课，加入许多科技元素，进行开放式教育。大多高职院校虽然建立了各种类型的实训基地，但技术更替得太快，已然不能紧跟时代变化的步伐。甚至有一些校企合作项目里企业提供的硬件或软件，早已被淘汰退市，但是学校却未能及时更新，仍然还在进行教学，这种现象阻碍了学生获得最先进的技能，也影响了学校的整体学习进度和质量。

三、校企合作模式的发展建议

在互联网技术下，很多教育机构开创了远程教育，创办了"移动课堂""慕课"等多种在线教育课程，得到了很多学生和家长的认可，在当下已经成为一种主流的学习方式。但传统的高校校企合作模式的方案很大程度上仍然沿用了传统的课堂模式，高职院校要想跟上时代步伐，就必须学会用互联网思维办学，进行整体的革新，让一些掌握了专业技能的老师，能紧密学习最新网络技术，和学校、企业一起，共同探索研究在新形势下校企合作模式的发展趋势。

深化"校企合作"模式。企业在谋求发展的同时，也在不断研发适合本企业的电子商务模式，以跟上时代的步伐。根据企业的这一需求，高校可以主动对接有相关需求的企业，进行学生实习、教师挂职、科学研究等方面的合作。校企合作由学校统一筹划，按照目前互联网行业发展的特点和趋势，校方可派教师下企业锻炼，深入调研，与相关行业企业的专家共同商讨、设计本专业的人才培养方案，精确设置专业课程，模拟企业的生产情景，设计实验与实训教室，共建专业实训基地，在实训过程中完善和优化教学体系，保障学生综合职业技能的提升。这也能从一定程度上带动企业自身的电子商务模式的发展。

深入对接企业的同时，应对学生实习岗位提出更高要求。在平台共建上，高职院校和企业可以利用互联网搭建平台，如研发自己的 APP 平台、利用微信等各种应用软件，共同完成教学任务。APP 平台可将教材内容、教学体系设计、课堂内容、实训实验、成绩等整个过程，一体化进行完成，一边教授理论知识，一边进行生产实践，同时完成作业。企业开放部分工作资源，及时根据公司的技术变化，让学生及时了解最新讯息，更好地提高学生的职业素养及专业技能。

合理规划和管理。传统的校企合作模式大多以高校为主导的方式，利用传统教学方式进行授课，这种理论偏强，而实践不够的状况，学生很难掌握专业技能。要实现理实一体化，不能局限于课堂教学，要充分利用互联网资源，提高教学的质量和信息量。我国目前有很多如慕课、大学城等网络平台，很多高校在逐渐推广，与其自己创建一个新的平台，也可以利用现有的平台，进行多元化的教学方式教学。在专业建设过程中，应考虑到各专业之间的相互联系和相互渗透，一些理论课程、实践课程共享一个实训基地的，可以共同建设。有些跨学科课程，应充分利用互联网平台和学院的网站资源，开设相应的课程，提高学生的整体综合素质。同时规划一些工作室或学习区域，让学生进行自主设计。若能建立这种专业综合学习平台，学校教师也能够不下企业而接触到更多企业的实际需求，了解更加多前沿的知识，提高自己的教学水平，也能更好地培养学生。

注重持续发展。高职院校在建立校企合作模式时，始终要强调出本高校的专业优势、办学特色和文化特性，打造出具有本校特色的核心竞争力，建立本校的品牌，由单一的人才培养方式变为"教学—开发—生产"的综合全面学习。我们应搭建校企合作网络平台，在学习平台上能实现与一家或多家企业的线上互动，同时进行信息收集、资源整理及校企合作项目管理，开展项目进度监控，数据分析和资源汇集，供学校和企业共享。同时，也可为其他高职院校的校企合作提供经验，促进合作模式的发展。

校企合作在移动互联网下，为高校的人才培养方案提供了多种可能性。我国的"互联网＋教育"尚在起步阶段，很多模式还要在今后的实践中进行不断的论证，加以完善。高职院校也要跟紧时代，不断研发，主动寻求与互联网企业创建校企合作关系的机会，了解企业的需求，同时也能为企业培养出更切合市场需求的人才。

随着"互联网＋"教育改革的不断推进，职业教育的教学方式也发生了根本性的变化，也催生了校企合作模式的变革。运用"互联网＋"思维，大力进行校企合作模式的创新，改善并提高校企合作质量，让教师与学生都能有所收获，这样的校企合作的效果才能真正地达成。

第二节 校企合作模式下实践教学质量监控体系构建

实践教学质量监控是对实践教学效果进行评价的重要依据，在校企合作的模式下构建实践教学质量监控体系不仅能够有效提高高校的实践教学质量还能满足企业对人才的需求。本节通过分析高校实践教学质量监控体系当前出现的问题探讨了校企合作模式下，开展实践教学质量监控体系的意义并提出了对于高校实践教学质量现存问题的解决方案，以及提升高校实践教学质量监控效率的有效措施。

一、校企合作模式下开展实践教学质量监控体系的意义

站在学校的角度来看，学校的教学目标是培养具有专业理论知识和实践应用能力的综合性人才，增强学生的职业岗位所需要的专业核心能力和关键能力，但是要完成一个如此宏大的目标，如果仅依靠学校自身及其主办单位，那就需要专门建立一个培养学生实践能力的工作试验基地，因为现阶段全国各大高校所设立的专业课程以理论课为主，根本无法培养学生的实际实践操作能力，建立实践实验基地的方法对高校而言固然可行，但却不是最佳办法，其存在着以下几点缺陷：一来，在高校专门建立一个培养学生实践能力的工作实验基地需要耗费大量资金，对学校财务局来说是一个重大负担；二来，学校建立的工作实验基地与现实中的相比仍然有很大的差距，学生不可能真正体验到真实的工作经历；三来，学校创建的基地工作种类较为单一，实践操作模式较为死板，不利于学生的个性化发展。由此可以看出，就算学校耗费巨资建立工作实践基地，其得到的教学效果并不明显，最后反而落得个"竹篮打水一场空"的结果。

站在企业的角度来看，为发展市场经济、扩大阵容、最终占据市场，企业需要不断地提升自己的实力，广收人才，减少用工成本，产生规模效应，获得优质的人力资源。因此，企业需要打开它的大门，以包容的心态积极与学校合作，建立一对一的人才培养模式。而且给高校学生提供实习机会并不会对企业造成重大损失，反而可以为日后人才的吸收做好铺垫。

无论从哪方面来看，学校和企业合作模式构建实践课程体系监测都是最佳的选择，它让学校和企业构建双赢，获得长远利益的最终诉求。

二、高校实践教学质量监控体系所包含的内容

要构建校企模式下的实践教学质量监控体系，首先就要明确高校实践教学质量监控体系所包含的内容，其次才能将构建校企模式下的实践教学质量监控体系这个大目标拆分成几个容易完成的小目标，最终逐步实现该体系的成功构建。在目前高校实践教学质量监控

体系的构建过程中出现了一些问题，如果不及时制止或者解决这些问题，他们会严重阻碍高校人才培养进程，日后造成大患。那么高校实践教学质量监控体系的内容主要包括哪些方面呢？通过各方面调查所得到的数据可知，高校实践教学质量监控体系主要包含人才的培养设计方案、实际职业岗位与专业分类的对应关系、理论课与实践课课程比例的调整、实践教学课程的教学效果测评以及建立完备的教学目标和教学评价机制。在校企合作模式下，高校在这几个方面进行改进和提升，并且构建出完整的人才培养方案，以期早日完成高校实践教学质量监控体系的构建。

三、构建校企模式下的实践教学质量监控体系的方法

完善校企合作政策、法规。在过去构建校企合作模式下的实践教学质量监控体系中，存在着校企合作政策、法规不健全的问题，主要表现在校企合作缺乏相应的法规，学校和企业之间缺乏约束力，校企合作缺乏一定的协调性，即对学校的规定远多于对企业的规定，这样就让学校处于一种极为不利的地位，而且在校企合作中没有建立有效的质量评价体系，这些都不能促进校企合作效率的提高。要保证校企合作的教学质量，就必须建立起完善的校企合作评价体系。

建立多样化的校企合作模式。校企合作模式下的实践教学质量监控体系的质量保证需要依靠企业、学校、政府、社会四方面的支持与配合，在这四者之中，学校和企业是校企合作的主体，政府起管理作用，社会起舆论作用，学生是培养对象，校企合作的媒介是人才市场。目前，基本都是学校主动寻找企业进行合作形成以学校为主的校企合作模式，学校通过建立校企合作可以降低办学成本，同时企业通过建立校企合作可以获得相应的人力、物力、财力。在过去，校企合作模式比较单一，一般是学校学生毕业之后进入企业实习，企业给他们提供实习职位并规定实习期限这种模式留给学生的实习期限十分短暂，而且面对比较复杂的实习工作，学生在短时间内根本无法完成实践课的所有内容。因此笔者提出建议，学校应该改变传统的单一校企合作模式，让学生不是到了毕业才能去实习，而是在开始学习实践课程时就边学习理论知识，边去企业从事实践工作。笔者相信这种合作模式将大大提高实践课的教学质量，而且对企业也不会造成什么不利影响。

通过本节对校企合作模式下的实践教学质量监控体系的分析，我们可以得出以下结论：第一，高校实践教学质量监控体系目前存在着工位不足、理论课与实践课严重脱节、实践教学体系脱离实际、缺少教学目标和教学评价机制等问题；第二，在学校与企业合作的模式下开展实践教学质量监控可以有效地提高实践课教学效果，同时可以让企业获得优质的人力资源；第三，学校可以通过与企业建立长期合作关系、构建实践教学平台、建立完备的实践教学质量监控机制来构建校企合作模式下的实践教学质量监控体系，并解决构建过程中的现存问题。这三点是笔者通过调查分析所得出的，希望对高校校企合作模式下实践教学质量监控体系的构建能起到一定的启发作用。

第三节 校企合作模式下的校企文化对接

校企文化是校企业合作不可忽视的关键性内容，也是高职院校、企业间的重要桥梁，关乎高职院校各类人才培养。在日常运行过程中，高职院校要以校企合作模式为基点，多层次做好校企文化对接工作，将专业课堂教学、企业实践巧妙融合，同时提高学生专业综合技能与岗位适应能力，成为新时期社会市场需要的"高素质、高水平"专业人才。因此，从不同角度入手，客观阐述校企合作模式下的校企文化对接。

高职院校必须根据新时期校企合作要求，借助校企合作模式，以企业文化为基点，科学培养大批满足企业岗位要求的专业人才。在校企合作模式作用下，高职院校要注重校园文化、企业文化二者有机融合，根据自身教学、学生以及合作企业具体情况，科学安排校企文化对接内容，优化对接形式，确保校企文化对接实现，促使各专业学生做好走上工作岗位准备工作，毕业后顺利就业。

一、校企合作模式下校企文化对接的必要性

在经济发展浪潮中，不同行业、领域之间的竞争日渐激烈，而这已演变为各类人才的竞争，需要大批高素质专业人才。随之，在长远发展道路上，校企合作已成为高职院校的必然选择，而在校企合作模式作用下，高职校园文化、企业文化两类文化必定会不断碰撞、融合，这就要求高职院校必须做好校企文化对接工作。在校企合作过程中，校企文化对接利于高职院校全方位了解企业文化下不同岗位要求以及对各类专业人才的客观需求，科学调整制定的专业人才培养方案，优化培养方法与形式，有效提高人才培养质量，利于高职院校优化校园文化建设氛围，在丰富校园文化建设内容的基础上，优化校园文化建设形式，不断加快"和谐、文明"校园文化建设步伐，利于专业学生认可并接受校园文化，在校园文化氛围中更好地学习专业课程知识以及技能，全方位正确认识企业文化，将其融入职业生涯规划中，针对性提高自身综合素养，尤其是岗位适应能力，更好地走上多样化工作岗位，提高高职院校专业人才就业率，不断增强自身核心竞争力。同时，校企合作模式下校企文化对接利于合作企业客观了解校园文化，科学调整自身企业文化，将校园文化融入其中，在一定程度上满足高职院校各专业学生客观需求，使其更好地全面、深入了解自身发展以及岗位要求，积极、主动参与到岗位实训与实习中，不断提高综合素养，有效填补自身岗位人才空缺，持续提高自身软实力，走上长远发展道路。

二、校企合作模式下校企文化对接的有效途径

科学构建对接机制，优化对接考核机制。（1）科学构建对接机制。在日常运行过程中，

高职院校必须与时俱进，树立全新教育理念，注重理论与实践教学巧妙融合，全面、客观正确认识校企业合作模式以及校企文化对接，以校企合作模式为切入点，客观分析校企文化对接要求、特点、必要性等，科学开展校企文化对接工作。由于校企文化对接工作的顺利开展离不开合理化的对接机制，因此，高职院校必须对校企合作模式下的校企共建委员提出全新的要求，要以学生为中心，将学生专业技能提高、职业素养培养二者放在同等重要位置，全面、深入了解高职院校、合作企业二者文化，围绕发展理念、发展目标，共同分析主客观因素基础上，科学构建校企文化对接机制，符合各自文化建设具体要求，科学指导校企文化对接工作。在此基础上，校企共建委员会要根据各阶段校企文化对接工作开展情况，合理优化完善构建的对接机制，使其更加科学、合理，最大化提高校企文化对接工作效率与质量。（2）优化对接考核机制。在开展校企文化对接工作中，高职院校必须根据各专业教学以及学生情况，以企业文化为基点，优化完善校企文化对接考核机制，科学开展专业学生考核工作。工作人员要围绕校企文化对接考核机制，优化完善日常学生考核方法，科学安排考核内容，明确各方面考核指标，从不同角度入手对专业学生进行针对性评价，专业技能、职业道德素养等。高职院校要根据各方面考核情况，优化专业人才培养方法、培养手段等，确保专业人才培养规范化、合理化，在无形中不断深化校企文化对接，促使各专业人才更好地了解企业文化、企业不同岗位要求，结合专业课程教学，不断提高自身多方面能力与素养。

科学安排对接内容，优化对接方法。在校企合作模式下，校企文化对接工作的顺利开展和校企文化对接内容以及对接方法密切相关。在开展校企文化对接工作中，高职院校要根据合作企业对专业人才的客观需求，结合自身制定的人才培养方案、培养目标，科学安排校企文化对接内容，将学生理论知识掌握、专业技能提高、学生职业道德素养培养等巧妙融入开展的校企文化对接工作中，多层次丰富校企文化对接内容，符合彼此各方面实际情况，具有鲜明的针对性、合理性等特征。在此基础上，高职院校与合作企业要围绕校企合作模式，科学设置多样化具有特色的校企文化对接项目，高职院校要积极引导专业学生参与其中，在亲身实践中深入理解校园文化、企业文化，清楚相关岗位要求、岗位内容等，不断提高自身岗位综合技能与素养。此外，在校企合作模式作用下，高职院校、合作企业二者必须多层次优化校企文化对接方法，采用多样化对接方法，实现"高效率、高质量"校企文化对接，让专业学生在校企文化对接中正确认识技能与素养，避免出现"重技能、轻素养"这一现象，提高校企文化对接实效性。

科学构建校企文化交流平台。在高职院校、企业二者运行过程中，校企合作都处于关键性位置。在校企合作模式作用下，高职院校、合作企业二者要注重校企文化交流平台的科学化建设，为校企文化对接工作的顺利开展提供重要保障。在此过程中，高职院校、合作企业要借助自身各方面优势，优化利用已有的各类资源，以校企文化为基点，科学构建交流平台。高职院校教师要根据专业教学情况，科学整合校园文化、优秀的企业文化，将课堂作为校企文化交流平台，讲解专业课程知识的过程中，向学生传输企业优秀文化，如企业运营理念、企业宗旨，要将团队精神、法制观念等巧妙融合和专业"理论、实践"教学中，也包括"责任、沟通、创新、竞争"意识，让学生在教与学氛围中掌握专业知识以及技能的同时，深入了解企业文化，科学培养职业道德素养，为提高综合能力与素养埋下伏笔。此外，高职院校要围绕校企合作模式，结合校企文化对接具体情况，开展多样化的校内实践活动，如校园文化活动、专项技能、职业技能等竞赛活动，将合作企业文化、职业认知与道德等巧妙融入一系列校内实践活动中，并借助校园网站、校园橱窗等大力宣传校企文化对接，构建多样化的校企文化对接交流平台，在沟通、交流中顺利对接校企文化，让专业学生在学生文化知识过程中日渐形成正确的价值观、职业观、道德观等，具备较高的职业素养，而不仅仅是掌握专业知识和技能，成为新时期所需的全能型人才。

开展多样化校企文化对接活动。在对接校企文化过程中，高职院校要根据各方面情况，科学开展校企文化对接活动，在实践活动中，正确认知校企合作模式下的企业一系列岗位，结合岗位需要，客观调整已制定的人才培养目标以及方案，科学培养专业人才。在此过程中，高职院校要根据各阶段教学情况，科学开展校企合作模式下专题讲座这一校企文化对接活动，邀请合作企业专家参与其中，向专业学生讲解当下行业就业形势、就业趋势、岗位工作流程等，在和学生沟通、交流中，对其进行针对性岗前教育与培训，对企业不同岗位有全新的认识。高职院校要根据校企对接专题讲座开展情况，优化人才培养方法、手段等，合理设置专业课程，与企业岗位人才需求紧密相连，顺利对接专业课堂教学、合作企业岗位实践培训，将开展的校企文化对接活动落到实处。此外，在开展校企文化对接活动中，高职院校要吸引合作企业参与到专业教学考评中，科学开展教学考评作用下的校企文化对接活动，深化了解合作企业岗位人才培养具体要求，明确专业课程教学重难点，便于专业教师科学教学。高职院校要围绕考评制度，开展多样化考评活动，在合作企业客观考评专业教学各方面过程中，优化完善专业课堂教学，科学调整校园文化建设内容，巧妙将合作企业文化融入专业教学内容中，高效实现校企文化对接，为专业学生提供多样化顶岗实习机会，在具体工作岗位上优化利用所掌握的理论知识，将其学"活"，在亲身实践中全方位了解自己，有效弥补自身缺陷，进一步提高自身综合素质，做好职业生涯规划，毕业后顺利实现就业，充分展现多方面价值。

总而言之，在校企合作模式下，校企文化对接是高职院校、合作企业长远发展道路的关键点，二者都必须多角度提高校企合作程度、校企文化对接程度。高职院校要科学构建校企对接机制以及对接考核机制，科学安排对接内容的同时，优化对接形式，构建合理化的对接交流平台，开展不同形式的对接活动，优化完善专业人才培养目标，使其同合作企业专业人才客观需求吻合。以此，高效对接校企文化，构建良好的校企合作关系，促使二者校企业文化对接中走上长远发展道路。

第四节 基于"双元制"教育的校企合作

我国目前工科院校的教育发展的主题是需要进入校企合作的模式当中，工科院校必须要不断地更新人才培养模式，寻找更多的发展机遇，才能发挥出最大的优势，为社会培养更多的优秀人才。本节就将通过举例，来对基于"双元制"职教体系的校企合作模式进行探讨。

有一所工科院校学习了德国的先进教学模式，利用德国"双元制"的教育理念培训出了一批优秀的高级本能人才。后来该所院校一直坚持以就业为导向的办学方针，在院校中推行双元制的办学理念，经过长期的实践与摸索，有了自己独特的双元制教学特色，滨为甚会培养出了更多的优秀人才。真正地实现了人才与社会发展的成功对接。

一、"政企校"互融，完善"双元"培养体系

我国教育部对于人才的培养十分重视，所以在看到德国的教育成功之后，也开始逐渐有院校进行模仿，在校内实行双元制教学。这种教学模式就是将企业、政府以及学校三方连接起来，并对各自的群里与职责进行了规定。学校主要就是教授学生学习更多的理论知识与实践技能，同时还会对学生进行职业道德的培养；企业的主要职责就是给在校学生提供带薪的学习制度，就是说学生的各科成绩都非常优秀，不仅可以获得一部分奖金，还可以得到去企业实习的机会，进入企业之后就可以得到免费的培训机会。以上这些内容，都为我国双元制的校企合作提供了有力的政策支持以及经济支持。

二、校企联动互赢，确保"双元"培养质量

校企合作，实现自主招生。校企合作为了实现更好的教学效果，对于学生的录取也做出了规定，通过双方的共同决定，在政府的主导之下，进行选生。由学校以及企业分别派出在校内的优秀教师，以及企业的优秀专员来共同选拔报名的学生。选拔的方式主要是通过服务意识、实操水平、生活习惯、口语能力、团队合作以及奉献精神等进行较为全面的素质测试，表现最为优秀的学生则可以留下，进入学校进行学习，从而得到学校以及企业培养的机会。

校企双方一起合作，共同来决定培养人才的计划。校企双方可以借鉴德国的双元制教学模式来构建适合我国的双元制培养体制。主要创设的框架就是对学生在校学习的实际课程，按照一定的比例与结构做好设计，最后的结果可以再次进行协商。最后商定的结果是以 1:1 的时间配比制定了教学计划，让学生先接受学校对其进行的有关教育，然后在接受企业对其进行培训的教学，然后校企双方再结合真实的上课情况，对学生的课程结构、

课程设置以及比例权重等问题进行协商，最终的结果就是确定以 3：7 的基础理论教学以及实践技能培训进行了配比；同时还可以为学生提供真正接受过德国培训的教师来教授学生，担任院校中的教学指导教师，教师一般会选用以技能为导向的方法来进行授课，也就是学生会有两个月的时间在学校中进行学习，主要学习的就是理论知识，以及较为基础的实验。两个月以后学生会在企业里面进行相应的实践学习，让学生通过这种交替性的学习模式，更好地学会实践技能以及理论知识，提前适应在岗就业的状态。

校企双方合作，一起创造教育资源。校企双方可以共同合作来为学生进行授课，既做到车间以及教师相结合，也就是让学生能够在实际的工作中，学到技能知识，让基地的资源发挥出最大的作用，达到资源共享的目的。院校可以坚持企业建在学校，学校搬进企业的教学要求，与我国其他知名企业深度合作。通过这些实训基地，让学生能够了解到更多的知识内容，知道当前社会对人才的需要条件，也能满足对学生的专业技能培训。并且还可以达到教师资源共享的优势，企业可以让专业技能较高的员工或者是专家，在岗位上对学生进行指导，实现双元制的教学模式。这些教师既是企业的员工，又是师学校的教师，构建了双元制的职教体系。达到了校企合作的目标。

三、构建"双元"培养品牌

相关企业可以发展专有人才。我国目前通过双元制校企合作的教学模式。设计好培养人才的方案，已经成功为社会培养出了很多优秀人才，为改善当前我国社会市场中缺乏优秀人才的现状，做出了很大的贡献。通过社会市场调查发现，采用双元制职教体系的校企合作培养出来的学生，要比其他院校培养出来的学生，能够更快地适应工作，达到企业的用人要求，得到了多数企业对于他们的肯定以及比表扬。

学生就业有岗位。校企双方做好了培养方案之后，会对企业中的岗位做出对应的预留，学生通过校企合作之后，设计的双元制教学模式，通过几年的学习，就会毕业。在校学生接受在学校进行学习，在企业进行培训，实现了双重的身份有效转换，换句话讲就是学号是能在入职该企业之前，不用再进行入职培训，为企业用人节省了更多时间。

学校办学有生源。现如今，校企双方通过实践证明，双元制的职教体系不仅是正确的选择，而且还能提高学生的实践能力，为学生解决就业难的问题以及企业用人难的问题，让学生毕业之后能够与社会进行有效的对接。在"双元制"职教体系的正确引导下，学校需要进一步的进行探索，积累更多的实战经验，做出更多的创新，为我国的教育事业做出更多的贡献。起到更好的带头示范作用，为社会培养出更多、更优质的人才。

上述文章主要是对工科院校的双元制职教体系的校企合作，进行了简单的阐述。让我们了解到在校内实施双元制职教体系进行教学，不仅能够实现校企双上制定的教学目标，还能够得到更多的优质生源，为社会培养出更多的优秀人才。所以相关部门应当继续支持校企双方的合作，学校与企业也要加大对双元制职教体系的研究力度，推进我国教育事业更好的发展。

第五节　有关校企合作的实践思考

产教融合、校企合作，是当前职业教育政策要点的重中之重，是国家对职业教育的重大方针。校企合作的开展，能够培养符合企业要求的高素质技能型人才，提升学生对岗位的认知水平，缩短学生适应社会的时间，实现学校培养目标与企业人才需求的统一、课程设置与岗位的统一、素质教育与社会适应能力的统一。校企合作有许多成功经验，也存在一些问题，本节就制冷与空调技术专业与相关企业的合作作思考和探索，以期校企双方携手走得更顺、更畅。

产教融合、校企合作，在促进学校人才培养、创新、创业方面发挥着积极的作用。校企合作一方面推动了职业院校的发展、贴近了市场，另一方面企业获得了源源不断的有生力量，通过各种方式的合作，让学生所学与企业实践紧密结合，让学校和企业信息互通、资源共享，提高职业院校人才培养的针对性和实效性，切实提高技能型人才的培养质量。

一、校企合作在职业教育中的作用

完成学校以外的教学任务。职业院校完全依靠学校的设备和师资是不可能培养出真正的高技能型人才的，从设备来说，企业随着市场的变化要不断采用新的技术、新的装备、新的工艺、新的材料等，学校的实训条件是不可能赶上企业更新的步伐的。从师资来说，一些职业院校老师是从学校到学校，没有企业工作经历，以课题训练的多，与生产结合的少，培养的学生很难适应企业生产的需要。因此，通过校企合作，学校依靠企业提供良好的实习实训条件，企业依托学校良好的教育氛围，共同培养社会和市场需要的人才，不仅充分体现职业教育办学的显著特征，而且加强学校与企业的合作渠道，把教学与生产紧密结合起来。校企双方相互支持、双向互动、优势互补、资源共享，是提高职业教育办学水平、促进企业生产力发展、使职业教育与企业可持续发展的重要途径。

有效践行"以服务为宗旨，以就业为导向"的职业教育办学方针。通过校企合作、工学结合，根据企业实际的生产任务和岗位要求参加第一线的工作实践，使职业院校的学生获得实际的工作体验，帮助他们顺利就业。校企合作为提高学生的职业能力提供广阔的场所，让毕业生快速实现社会人的角色转变。在顶岗实习期间，学生与工友一起参与工作实践，同吃同住同劳动，培养爱岗敬业、吃苦耐劳的精神，增强对岗位、职业的认同感，在潜移默化中受到企业文化的熏陶。同时把书本知识运用到实践中，培养和锻炼学生的动手操作能力、综合分析能力、独立思考和应变能力等职业岗位能力，这是只有在岗位实践活动中才能完成的，课堂教学难以替代。校企合作通过企业用工信息发布，帮助学生掌握就业信息，实现学生就业和企业用工的顺利对接，疏通学生就业的管道。同时，通过校企合作，让职业院校充分把握行业发展趋势，掌握企业用人需求，改善毕业生的就业状况。

二、校企合作的几种模式

捐赠设备，帮助建设实训室。在校企合作中，学校开设的专业与企业所处的行业要有契合度，才有可能提供所需的设备。学校制订人才培养计划，承担主要培养任务，企业根据学校要求，提供相应的条件，采取投入设备帮助建立校内实训基地，企业专家兼任学校教师，为学生上岗前培训提供物质基础和师资保障。例如，TCL 空调器（武汉）有限公司，于 2014 年开始先后向我校无偿提供 15 台空调器整机设备和相关配件，供学生上课演示和实训课使用，通过拆卸、了解结构和制造工艺，为维修服务岗位打下基础，通过安装、学会装机和移机步骤，为售后安装岗位掌握基本技能。

工学交替，提高学生的动手能力。工学交替在我校制冷与空调技术专业人才培养方案中，主要采用两种方式：其一，生产实习，利用工厂的用工旺季，每年春季派大二的学生到 TCL 空调器（武汉）有限公司跟岗实习一个月。熟悉工厂环境、了解企业文化、体会企业与学校不一样的、更加制度化的管理方式。不仅锻炼学生，而且提升学生的技能，更为后续课程的学习积累感性知识。其二，顶岗实习，这是大三学生最后一学期的安排。生产实习一般是学生集中在一起，顶岗实习更多的是自主选择，学生分散在不同的企业，这是踏入工作岗位的第一步，通过半年的实习，完成实习任务后顺利毕业走向社会。

企业为学校培养"双师型"教师。通过校企合作，着力打造一支新型的"双师型"师资队伍。一方面，由企业派出技术专家和技术能手，经常到校讲座，在生产实习时担任技术指导老师。另一方面，在暑假期间，学校派老师到生产一线跟班参观学习，在学生生产实习时，有指导老师住厂，除了管理学生外，还要参加企业实践技能的培训，与企业的管理层和职工进行交流沟通，并深入生产车间第一线，与一线工人共同操作，共同生产合格的产品。通过在企业的实践，学校的专业教师了解企业的管理模式、熟悉产品的生产流程和操作工艺等，提高教师实际操作能力，把新的知识和理念贯穿课堂教学，使课堂教学内容与企业的实际联系更紧密、更有效。这些教师通过在不同企业、不同岗位的培训，有效提高专业技能和实践能力，为成为合格的"双师型"教师奠定坚实的基础。

参与课程建设，为人才培养方案把脉。校企双方按照人才需求，探讨课程设置的内容。特别是专业核心课程和选修课程的开设，企业有很强的话语权，学校根据企业对人才的需求规格标准，对课程进行大胆的改革。同时对专业职业工作岗位进行分析，按照企业的工作流程、岗位技能和综合素质的要求，合作开发专业教材。把最需要的知识、最关键的技能、最重要的素质融入课程之中，确保课程建设的质量。每一年的人才培养方案都会请企业专家进行评审，在评审意见的基础上完善方案，最后报学校审批通过执行。

三、校企合作的思考与探索

从校企合作的具体实践可以体会到，建立符合双方利益的校企合作模式不难，难的是如何促使其健康持久稳定的运行，在出现问题时有良好的、有效的沟通机制和解决方案。

以长效的运行机制保障校企合作的稳定、健康发展。对于在过往的实践中出现的一些问题，我们做了以下的思考和探索，改变了以前固有的思维模式，从校方做了如下工作：

新生入学第一课，以企业为主导。我院在新生入校后的第一课都是由企业专家或高管来讲授的，主要是对学生进行行业全方位的展示和发展趋势的展望，让讲授者分享职业成长的经历，以便学生及早制定职业规划，同时还要对学生进行劳动和生产意识、质量和安全意识、个人修养与企业文化等方面的宣传和教育。这是企业先入为主的教育活动，是校企合作的根基所在。

准确把握学校在校企合作中的自身定位。提高职业院校办学质量和提供企业所需要的高技能人才是校企合作首先要考虑的问题，作为人才培养的主体，学校的定位必须准确，企业是追求效益的，学校要求学生要全面发展，这就要求企业在满足学生学习技能的同时，为企业创造出合格的产品，让学生在企业的生产实践中提高技能。做好校企合作，学生在学校的基础教育是根本，对有合作意向的企业要有一个考评，选一些在行业中有影响力、专业对口、规模适度、管理和技术领先的企业作为合作对象。还要考虑到学生在企业的日常生活和安全状况，共同承担起应尽的责任。

认真做好企业和社会需求调查，追求校、企和学生三方的共赢局面。校企合作的关键，首先是要满足教学内容符合企业用人需要，做好企业和社会需求的调查，保证校企合作的实际效果，真正通过校企合作实现学校和企业的和谐发展、从而促进相关产业集群的发展。学生深入企业生进行工学结合，不但使学生在生产实践中得到锻炼，而且缓解企业用工紧张的状况，实现学生、学校、企业三赢。

实践证明，实施校企合作是学校、企业及学生的"多赢"之举。任何一方的懈怠都有损校企合作的和谐。校企合作的最终目的是培养合格的人才，在合作培养过程中，实践性教学是校企合作非常重要的内容，而把学生的养成教育要深入平时的所有课程中，是不可或缺的内容。企业和学校要进一步拓展校企合作层面，进一步提高校企合作的档次，稳定发展合作关系，加快推进合作进程，为培养高素质的技能型人才贡献力量。

第七章 校企合作的意义与困境

第一节 浅析校企合作的重要意义

随着国家对职业教育的日益重视，支持职业教育发展的各项政策陆续出台。在办学模式上，国家十分提倡走校企合作之路，许多学校正积极地寻求各种途径，想方设法与企业取得联系，希望双方达成共识，实现双赢。近几年来，校企合作以其独特的教育模式，在潜移默化中快速发展。这种学校与企业的携手联合，正逐步被越来越多的院校和企业看好，在就业市场中扮演着更为重要的角色，它将逐步为毕业生就业提供绿色通道。

校企合作教育指的是职业教育院校为谋求自身发展，抓好教育质量，采取与企业合作的方式，有针对性地为企业培养人才，注重人才的实用性与实效性的一种教育。因此，校企合作人才培养旨在加强教学的针对性和实用性，提高学生的综合素质，培养学生的动手能力和解决问题的实际能力，实现人才培养的多样化。校企合作人才培养可以有多种形式，积极推行与生产劳动和社会实践相结合的学习模式，开展订单培养，探索工学交替、任务驱动、项目导向、顶岗实习等有利于增强学生能力的教学模式。

一、关于校企合作教育模式的问题

目前，我国比较常见的校企合作教育模式有 5 种：

（1）"2+1"式。这是早前技校普遍采用的一种方式，即前两年在校学习理论与实操训练，后一年到企业顶岗实习，也就是预分配就业。

（2）"校企合一"模式。以工学结合的形式与企业实现无缝对接，并有效地破解了目前技能人才培养的两个难题。

（3）工学交替。通过校企合作、订单培养、工学交替、双元互动的培养模式，与多家企业建立了紧密的校企合作和紧缺人才订单培养关系

（4）企业"冠名班"。学院先后组织了与山东如意集团合作的"如意班"和与山东鲁抗医药股份有限公司的"鲁抗班"，还有与圣阳股份公司的"圣阳班"，在与企业的沟通合作中，取得了丰富的校企合作经验。先进的企业文化和管理理念融入教学中来，有效提升了学生的岗位实践能力和技能水平，也极大地满足了公司的人力资源需求。

（5）校企共建实训基地。坚持市场导向办学和开放办学理念，建立了企业员工技能

培训基地、学生校外实习就业基地、教师能力提升基地。

二、关于正确处理理论学习与生产实践的关系

纵观目前校企合作的现状，并非人们期待的那么美好，校企合作的发展前景不容乐观，有相当一部分职业学校的校企合作还停留在浅层合作的层面上，有些合作完全是学校对企业的"公益支持"或功利性的人力投资，有些合作一直陷于"有'合'无'作'"或"有'作'无'合'"的消极与被动状态。其结果是有的在"腹中夭折"，有的在"途中殒命"。

就目前已形成的校企合作而言，基本上都是学校为了对学生的就业负责而主动出击"找锅下米"或"送货上门"。主动来与学校合作办学的企业微乎其微，一些企业门槛很高，合作的形式无非是单一的人才投资，学校把人培养好了，企业乐意笑纳。这种合作，并不是真正意义上的校企合作。真正的校企合作应是双方乐意、优势互补、校企共赢的合作。要使校企合作真正达到优势互补，真正体现"校企共赢"，就要在"合"字上下功夫，从培养目标的结合、培养方式的吻合、教学资源的组合、教学形式的融合、专业选择的适合、校企主体的配合等方面向深层次发展，使学生毕业后与合作企业真正产生"零对接"，从而加速企业急需人才的培养进程，这才是真正意义上的"校企合作"。

三、有效落实校企合作的措施

培养目标的结合。首先要确立"以企业为中心"的人才培养观念，一切以社会需要和企业需要为准则，充分发挥学校的优势和潜力去解决企业用人需求的问题。其次要树立"以就业为根本"的服务学生理念，一切以学生需要和对口就业为宗旨，着力解决校企合作中主体缺失的问题，形成促进双方培养目标紧密结合的制度框架和动力机制，培养学生严谨的职业道德、良好的职业习惯、精湛的专业技能、和谐的团队精神。最后学校与企业共同制定培养方案，企业的技术骨干与学校的专业教师共同完成教学任务，有的放矢地培养适合企业需求的员工。

培养方式的吻合。校企合作的双方都在为培养"准员工"这个准成型产品而相互考证，学校既要保证培养技能人才的需要，又要关注毕业生的就业去向问题，而企业更加关心建设一支相对稳定、爱岗敬业、技术熟练的高素质员工队伍，这种相互依存的关系，把学校和企业紧密地联系在了一起。为此，可以选择以下培养方式进行尝试：①让学生尝试入校后先到企业进行见习，然后返校学习的方式；②经过在校专业知识培训和技能训练，学生有了一定实战基础，再到合作企业进行岗位训练，让所学理论知识、专业技能在实践中得以检验，查找不足，有针对性地弥补；③学生在校完成教学计划规定的课程和掌握了基本的岗位技能后，到合作企业进行顶岗实习。

教学资源的组合。一是合作中企业专家可到学校兼职授课，学校教师可定期到企业顶岗进修，让教师成为"专家型职业人"，教师在企业中了解新技术、新工艺，改进教学，熟悉企业化管理，以培养更贴近企业的人才，学生毕业即可上岗工作，大大缩短企业用人

成长周期。二是学校和企业共同制订教学计划，教学计划的课程目标应定位于培养学生在实际工作过程中完成任务的能力，这决定了课程制订的逻辑起点，目的是掌握其具体的工作内容，分析的对象是任务，而不是完成任务的人本身。三是课程的转换来自于工作任务分析。任务模块转化为课程模块其目的是形成完整的课程门类和课程结构，便于学生完成所学专业的某个典型的综合性任务，使学生获得所学专业的从业能力和资格。

教学形式的融合。在教学形式上，一种是以学校为主体，采取"工厂式学校"的教学方式，采购与企业生产相配套的设备，参照企业的生产工艺和管理流程，通过企业提供的项目进行教学，实现实践知识与理论知识的整合。另一种是以企业为主体，实行交叉式在岗培训与脱产学习。以上两种形式，其共同特点就是力图让学生对工作任务有一个完整的体验。具体表现为：①通过多种途径让学生深刻体验完整的工作过程。尽可能促进学生独立完成包含"咨询、计划、决策、实施、评价"的行动过程；②对完成工作任务相关的知识、技术等进行跨学科的学习，帮助学生建立完成生产任务所应具备的、符合工作需要的综合性知识，促进学生实践过程与能力形成过程的结合。因为技能形成的过程是学生合理运用知识解决各种实际问题的过程，是一种知识转化为行动的过程。

专业选择的适合。在寻求合作企业的过程中，首先要了解企业的核心技术，企业规模及发展趋势，然后针对本校的专业设置，找到与企业的对接口、切入点。企业需要什么专业的人，我们就开设什么专业，采取"走出去，请进来"的方法，把企业的需求作为学校的追求；企业找到了专业对口，能顶岗工作的人才，学生找到了专业对口的就业岗位，无形中增加了学校的知名度。我们必须利用现有的优势，扩大就业范围，选择专业对口的企业，进行深度的校企合作，实现以"出口拉动进口"的局面，只有出口畅通，学校在企业站住脚，学校就会有生命力，效益好的企业愿意与我们合作，宣传渠道自然形成，进口问题自然解决。让学生能找到专业对口的企业，好学生就业时就得去好企业。这样就解决了学生学好学坏都一样的问题，学生学习的积极性就自然能充分调动起来，同时，也使教学更具有实效性。

第二节　职业教育校企合作机制的现实困境与破解

职业教育校企合作长效机制作为人才培养的全新模式及路径，其发展空间巨大。然而在该机制发展过程中，其定位不准、国家宏观指导不足、课堂教学与企业需求脱轨、激励约束机制缺位。为破解其运行障碍，应成立合作办学机构，加大国家宏观指导力量，规范合作内容及合作方式，创新人才的培养模式，规范合作行为，强化激励长效机制，才能构建实质意义上的校企合作长效机制，推动高职院校朝着稳健方向发展。

校企合作的人才培养长效机制，是指在校企合作、共同培养人才的过程中，兼具国家、企业、学校及学生各方作用而构建而成的长期有效且比较规范，并满足多方权益、符合人才培养规律的方式、过程。在转变经济增长方式的情况下，急需大量应用型、技能型的高素质专业人才，党中央及国务院皆高度重视发展职业教育，加上社会经济的迅猛发展，职业教育的发展面临空前的发展机遇及转型挑战。高职院校只有坚定不移地深化校企合作长效机制，才能完成培养一批适合社会发展需求的技能型、实务应用型高素质人才的使命。近年来，职业教育取得较佳的阶段性成果，在办学质量、办学模式、办学数量及办学质量等方面都取得较大突破，但总体而言，其距离职业教育的发展要求仍具有相当大的差距，体现为定位存在偏差、国家宏观指导力量不足、培养方式不尽合理以及激励机制的缺位等问题，基于我国职业教育的发展现状，提出完善职业教育的可行出路，无疑在新时期发展语境下具有重要作用。

一、构建职业教育校企合作长效机制机理考察

符合市场经济下的人才培养规律。无论是企业、学校还是学生、家长，都希望开展校企合作的办学路子。企业急需实践操作能力强、能快速适应岗位需求且职业水平高的实务型人才；而学生盼望尽快掌握符合社会所要求的技能，尽早就业，找准自身位置，实现自我价值；学校的宗旨在于培养社会所需人才，其主要目标在于不断提升学生就业率及就业质量。而建立校企合作这一机制正是符合这三方利益所需，故而校企合作长效机制的构建模式既显得尤为必要，也为其有效、深入地发展提供有利的外部条件。

缩短人才培养周期以节省社会成本。高校所培养的人才在于服务社会、反馈社会、促进社会的发展。故其应与企业保持密切联系，使其培养的学生尽快跟上企业、社会之需，才能切实转换为生产力，服务于企业及社会。学校、社会为人才的培养皆付出诸多人力、财力，但其效果往往未达预期。若能构建校企合作长效机制，使得学生在前期的学习阶段中，掌握必要的、扎实的理论基础，并在后期的学习阶段将课本所学知识，转为实际的动手操作能力，以适应企业的生产发展，也为其日后正式步入社会做好充分的准备。学校既节约了一定的培养资源，提高其培养的人才的质量，也有利于企业节约后期的培训费用以及其他相关的费用，还可以重点培养其日后急需之人才。而学生通过有针对性的学习及实践，也提高自身的动手操作能力和实践水平，提升自我竞争力。构建长期的校企合作机制对于整个社会的产出而言，极大缩短了人才培养周期，大大节约人才培育的社会成本。

总而言之，构建长期的校企合作机制，是当下社会发展所需，也是高职院校深入改革发展的内在必然要求。

二、构建职业教育校企合作长效机制面临障碍

从目前看，校企合作长效机制的构建虽然取得一定的成效及经验，但从整体看，其仍存在诸多不足，学校及社会各界应高度重视并予以有效解决。总体而言，既有观念上的问题，也有政策扶持的问题，还有激励机制构建、约束机制等问题，具体表现在以下四个方面：

学校、学生及用人单位的定位偏差。职业院校学生、教学培养计划及用人单位等三者

的定位皆不均衡，由此直接导致高职院校毕业生的就业率较低、经常跳槽及工作不稳定。对此可通过适当降低学生的就业预期，使其准确把握好自身定位，同时强化对其职业生涯规划的指导，对学校的培养大纲做出有针对性的调整，加强学以致用、产学合作等措施，以实现高职院校生、学校及用人单位等三者的均衡。从教育的主体这一视角分析，高职教育的定位主要有学生本人的自我定位（也包含家长对学生的定位）、学校教学培养指标中对学生的定位、用人单位对学生的定位。总而言之，是学生及家长对就业的预期过高，而用人单位对于毕业生的定位则较低，二者出现一定的落差。

国家宏观指导不足。当下在开展校企合作培养人才模式上，主要是通过自发、自觉式行为，其收效甚微。国家层面上的宏观指导远远不够，政策支持、经费扶持力度在很大程度上处于缺位状态。国家未能从应有的高度认识校企合作的重要意义，也未及时出台相应政策以支持、规范、鼓励校企之间的合作，致使校企之间的合作还停留在浅层的合作层面，未能朝着纵深方向发展。而其他社会力量对校企合作长效机制的支持也比较薄弱。自发自觉式的合作机制使得校企之间的合作未能完全深入地发展。

课堂教学与企业需求脱轨。当下，高职学校学生在实训过程中出现的问题较为棘手。所谓的校内实训课程只是单纯枯燥的案例训练、局部训练，其往往受时间、条件等的限制而剔除诸多因素，其形式简化而单调乏味，效果不尽如人意。而且退一步讲，当下我国的高职院校，除了少部分新建，其他大抵由中专院校、普通高校所改制而来，其培养的场所基本都是教学楼、实训楼。而所谓的实训楼，其设计诸多流于形式，实训的内容与社会实践未能实现良好接轨，社会实效性较低，并未真正起到实际的实训作用。虽然学生在实训室根据案例的要求，实操一些实际业务的训练内容，但其往往分环节完成，学生无法体会整个过程的连贯性、多变性及复杂性，未能真正步入角色。

激励机制及约束机制缺位。如何构建一个对学校、企业及学生、家长有针对性的激励机制，并有效约束三者，是摆在当下校企之间的合作中的重要难题。奖惩机制的缺位，阻碍了校企之间长效合作机制的持续发展，也不能有效规范校企之间的合作行为，更无以对某些违纪者做出相应约束，激励性不强，极大制约校企之间的稳定性及其合作成效。对此，国家应当出台一些相关政策措施，以有效引导校企之间的合作行为；学校及用人单位也可对先进部门及积极分子予以奖励，并对违纪、不积极的部门及个人做出约束办法。

三、职业教育校企合作长效机制的新出路

鉴于上述职业教育校企合作长效机制发展过程中面临的诸多障碍，构建合理的校企合作长效机制需要整合多方力量，在肯定并总结现有经验的基础上，探索职业教育长远发展的内在规律，才能挖掘到完善职业教育校企合作长效机制的可行路径及办法。对此，可从以下六个方面加以优化：

成立合作办学机构。不管是国家层面还是地方层面，均应成立相应的校企合作专门办学机构，着重负责校企合作机制的构建。企业、学校也需成立相关专门部门，落实好本单

位所负责的校企之间合作的各项工作。国家层面上的专门机构应从宏观角度上研究、制定有关校企之间合作的相关政策、规划及措施，为地方专门机构提供专业的指导意见和政策上的支持，引导、落实各项有关校企合作的具体工作，监督、保证各项政策及措施的顺利开展，重视其规范性及长效性，确保合作各方之间的利益实现，重视合作成效，强化社会调研力度，为校企之间长期合作机制出谋献策，提供合理建议等。

加大国家宏观指导力量。校企之间合作是否收效及效果如何，直接影响到高职院校是否能胜任培养社会急需的实务型人才的使命，也直接关系到其毕业生的就业率。有鉴于此，国家应当高度重视校企之间的合作机制，将其作为重要工程加以指导。第一，应提高全社会对校企合作这一机制的关注及重视力度，增强社会的辅助力量，必要的时候应以立法形式明确社会各界对其所负职责。第二，对于在校企之间的合作机制上表现较好的企业及学校，应有所倾斜有所奖励，可对其提供政策上的优惠，而对于未切实参与校企之间合作机制的学校、企业，应对其进行一定约束。可作为奖惩的方式有税收上的征免、招生计划、招生专业、课程建设等。第三，为能更好调动学生主动性及积极性，也可对其进行一定的奖励，以更有效规范学生行为。第四，应做好实习生的安全防卫工作及补贴机制，保障学生合法利益。

规范合作内容及合作方式。高职院校培养目标在于培养一批高素质的应用型、技术操作性、技能型的人才，因此，高职院校的教育应立足于培养目标，根据实际企业经营中各个岗位对人才的相应需求，科学合理地设置课程及有针对性地安排教学内容，坚定不移走校企合作道路，提升学校毕业生的就业率。学校和企业应逐渐构建全程和合作伙伴关系，不管是在学校的招生阶段、专业的安排设置上，还是具体培养方案的拟订上，抑或教学内容的编排、教学方法的安排，甚至是师资建设、实习基地的安排及毕业生的反馈档案，二者皆应建立紧密协调合作关系，将这种合作机制渗透教学始终。在其过程中，要秉承"一个主题＋三个层次"之原则。"一个主题"即"不断提高合作的成效"、提升毕业生的就业率及就业质量；而三个层次是：第一，邀请企业的高管献策学校培养大纲的制定及教材的安排、课程的设置，也应安排学生到企业进行实地调研学习，了解把握市场现状；第二，构建实习基地、就业基地，有针对性地组织安排学生实习；第三，开展合同定单式的辅导班，定期培养学生实地操作。

创新人才的培养模式。推行产、学、研相结合的模式涉及制度、体制与人才培养的目标等相关因素，应采取系统式的解决方案。其中两点较为重要：其一，找到高职院校与企业之间的利益结合点，寻求构建共同的利益结合体；寻找高职院校和企业合作的新组织方式，最大限度地实现二者优势互补，形成供应共享机制，为校企之间的合作及产、学、研等三者结合奠定扎实根基。积极施行一种与社会实践接轨的学习模式，以工学结合为改革其人才培养机制的关键切入点，引导专业设置改革、课程设置改革及教学内容、教学方法上的改革。人才培养机制改革之重点在于实现其教学过程的实践性，兼并开放性与职业性。在其具体过程中，把握好实训、实验及实习这几个关键环节。关注学生课堂所学与企业实际需求之间的接轨，密切联系校内考核和企业考核机制的衔接对应。另外，学习也可试行订单培养，认真摸索各种促进学生学习能力之教学方式，如项目导向、工学交替、定岗学习等方法。而企业也应不断规范实习管理、改善实习条件，创造更好的实习环境。

规范合作行为。为积极调动校企合作机制中各方主动性及积极性，切实维护各方合法权益，保证校企之间的合作能以有序、规范的方式长期、深入开展，需国家以立法或契约等方式规制校企各方的行为。国家应围绕校企合作机制出现的各种问题，深入分析，及时出台可行的政策和相应措施，为校企之间的合作创建良好的外部环境。比如，可在相关的法律法规中，增添相应条件，明确各自的权、责、利，并对违约一方做出相应惩处，以有效约束其行为，更好地保障守法守约方的权益。

强化激励长效机制。首先，可以构建奖励机制。对积极促进校企之间合作、开展产、学、研模式并做出一定绩效的学校给予一定的支持及奖励，对实质性的提供相应实习岗位、培训实习生成效显著之企业，给予一定的政策优惠。对表现优秀的实习生、毕业生，也给予一定的表彰。其次，构建完善高职院校毕业生创业就业服务机制，推动高职院校教学理念转变，推进职业院校从原有的升学导向走向以就业为导向、从政府的直接管理走向宏观指导、从计划培养走向以市场为驱动力，实现职业教育与社会实践发展接轨，提升职业指导及创业教育。再次，实行工学结合的培养机制，加强企业学校之间的联系，锻造学生的社会实践能力，变革传统的人才培养机制。最后，构建合理的人才选拔、评价机制，深化教育改革。立足于市场所需，逐步完善教学内容，改进教学模式，调整专业课程设置，发展与时代所需的新专业，构建精品课程，逐渐施行学分制，完善人才考核机制。

校企合作机制作为一种培养人才的全新模式及路径，其内涵伴随着我国市场经济的不断发展而逐步延伸，因而其发展空间巨大。实质意义上的校企合作机制是构建在可持续发展基础上，不断探索高职教育的内在发展规律，寻找切实可行的改革路径。对此，可通过成立合作办学机构，加大国家宏观指导力量，规范合作内容及合作方式、创新人才的培养模式，规范合作行为，强化激励长效机制，从而实现各方资源的最佳组合，构建真正意义的校企合作长效机制，推动高职院校朝着稳健方向发展。

第三节　校企合作人才培养模式的实践与研究

教育对每个学生都是公平的，我国政府和教育部门也推出了一系列政策以推进职业教育的发展，但现实社会还是会存在对职业教育不看好的情况，像高职院校与企业合作教学的过程中，企业就会缺乏合作的热情，极其不利于专职学生的就业，需要从各个方面着手考虑校企合作培养一线人才的各种措施，从而加快学生职业能力的形成。

一、现阶段我国校企合作培养人才的方式

当前校企合作培养人才的具体模式。当前我国根据自身发展，结合外来先进教学经验，

常用以下方式完成校企合作从而达到人才培养的目标。首先是"工学交替"的方式，即目前校企合作培养人才最常用的"2+1"模式，它主要是将学生三年的学习时间进行了具体分配，前两年学生在学校进行理论知识的学习，最后一学年则前往各专业对应的合作企业实践。这种"工学交替"的方式是先理论后实践的过程，有利于学生在掌握基础的前提下尽快融入企业环境，但不足之处也比较突出，毕竟学生在校学习理论的时间有限，每一门专业科目的任务量累积起来较为繁多，无形中增加了学生的压力。其次是企业预判各院校学生的专业素质，选定合作院校后则会像下订单一样从学校预订专业人才，当然企业与院校要做的工作如学生管理、教学评估等均必不可少。另外一种是用人单位与院校信任度颇高时采用的合作模式，通常企业会向学校输出一线的技术人才和先进的设备仪器，而学校则会为企业提供各种实验场所以及优秀教师资源等。

我国企业参与校企合作教育的现状。关于我国各企业目前参与校企合作的方式，有研究人员专门做过相关调查。研究结果显示，在现代化建设的今天，各个企业以及用人单位并不像以前一般由学校去直接联系，以确保学生毕业之后可以尽快投入工作，实现个人价值。很多企业为了谋求自身发展会主动寻找有合作意向的院校，经过市场价值评估等环节后会安排负责人前往各大院校具体商议合作的情况，明确各自在合作中扮演的角色。当前企业主要是通过招聘毕业生的方式吸纳优秀人才，这也在一定程度上证明了当代社会对我国高校培育学生的欣赏与认同。再比如职业院校最常利用的"2+1"教育模式，也是在学校教育的基础上，借由用人单位的高度参与，以完成学生三年的教学任务。企业参与教育教学活动充分体现了该职业对学生动手能力和实际技术的要求，因而校企合作应时刻关注学生的状态，从而确保教学质量。

我国高职院校在校企合作中的情况。学校是学生接受知识教育和心智开发的重要场所，很多学生从启蒙教育阶段开始，就走进了校园，的确校园的实际情况会从各方面影响学生的思想建设和学习动力。就业优先一向是高职院校办学的主要思想，在这种思想的引导下，各高职院校努力开发当前的教学资源，从而为学生设置更为科学合理的教学流程，校企合作作为提高职业能力的前提条件，院校也思考如何不断创新，促使企业与学校自身都能有所收获。有数据显示，当前高职院校中的校企合作教学的方式已经获得大部分学生以及教师的认可，但也存在部分学校考虑到工作辛苦，校内学生不愿前往企业实习，导致合作进展不顺。还有一些学生认为自己能力够强，不需要学校专门设置这样前往企业实践这部分教学内容，这也让校企合作在实际推进中受到一定约束。

二、我国校企合作人才培养模式暴露的不足

企业缺乏参与热情。当前校企合作模式多用于职业教育当中，而进入职业院校学习的学生无论从学习习惯还是个人行为等方面来说。通常都与高等院校学生存在一定差距，他们往往缺乏良好的学习习惯，或是对某些科目表现出明显的抗拒情绪。而社会工作中普遍对学历要求严格，像同样优秀的技术人才在社会公开招聘时，用人单位多少会对前来应聘

的人员区别对待，相比专科生，他们更加倾向于选择学历更高的本科生或研究生，这也导致企业合作时更加看中学校自身的知名度和竞争力，对一般职业院校的校企合作工作缺乏参与热情。有的企业即使与学校达成了合作共识，但未将学生能力培养放在考虑对象的首位，能力不足的学生后续上岗投入工作后可能会影响到合作企业的名誉和对应学校的形象，进一步加深其他企业对职业教育的偏见。

未建立完整的合作体系。在校企合作工作中存在的另一个问题是合作没有完整的法律体系，学校与企业的管理无法统一起来。校企合作让学校原本百分百对学生负责的传统教学结构被破坏，当学生前往企业内部实习时，学校就无法有效监督学生的状态，而企业的管理模式也难免会与学校冲突，容易导致学生盲目学习。同时学生本身就与企业内部正式员工不同，或多或少会对学生降低工作要求，学生即使身处职场，但实践经验并没有完全学习到位。另外这种合作在牵扯到经济活动时，如果没有明确成本分摊和利益分配的方式，合作也无法长时间保持。

校企合作教学无明确的教学评价。校企合作教学由各大院校与用人单位合作进行，因而双方要深入了解各自负责的具体工作，对于学生各项指标的评价方式也要全面而明确，然而在教学制度改革的今天，实际我国校企合作人才培养教学中没有一个完整的教学评价体系。最明显的现象是企业参与教学的环节较少，学生的评价主要来自于学校的考核成绩，对于学生学习过程和企业实习这个动态过程没有确切的评价指标，直接阻碍学生的多方面发展。教学评价不到位，相应的教师就无法根据学生现有的能力帮助其高校提升，同时学生也会缺乏积极有效的鼓励，难以始终保持学习积极性。

三、校企合作培养人才的有效策略

对各大院校的要求。首先，各大院校应积极开发已有教学资源，创新人才培养模式。高职院校的学生毕竟与普通高校学生存在一定的区别，像个人学习习惯、已有的知识能力等会有部分欠缺，对理论知识的学习也会缺乏兴趣，因而院校应注重开发学生与代课教师使用的教材，让教材内容与各地文化特色以及各行业的职业要求结合起来，不断优化教学过程，提高学生的学习积极性，培养学生吃苦耐劳的匠人精神。同时，由于当前各大企业对员工都有具体的行为要求和业绩指标，教学中也应渗透这些方面的内容，为学生创建企业文化的学习环境。也可以定期邀请专业人士来校为学生做相关报告，为陷入工作困境的毕业班学生们答疑解惑，让学生结合自身的兴趣爱好、性格特征以及特长等，为学生合理规划职业生涯提供建设性意见，从而促进学生增强自身竞争力，从而在岗位竞争中脱颖而出，选择自己心悦的工作。另外对学生来说，学校是家一般的存在，离开校园前往各企业工作难免会出现焦虑、害怕等消极心理，高校应合理选择合作企业，让学生的学习过程与工作环节形成有效衔接，哪怕是实习时，也要时刻关注校内学生的状态，对企业负责、对学生负责。

对合作企业的要求。作为与各大院校合作的企业，应明确院校与自身之间的关系，将当前的资金投入弱化，站在长远发展的角度看待与院校合作的问题，与院校积极沟通，主动提升企业的专业性，从而培养大批一线的优质人才，确保双方在合作中都能获得最大收益。比如学生在前两年理论知识的学习过程中，合作的企业就可以为学生投入专门的学习奖金，以促使学生加强专业知识的学习。教学资源方面，企业也可以考虑适当为院校引进相关教学设备，同时学习校内可利用的科研成果，并向院校分享先进的技术。与此同时，企业应从校园环境、基础设施建设以及人才培养方式等作为基本考虑点，从而选择适合的合作院校，对有意向合作的院校要提前考察校内科研项目等的开展情况，了解学生当前的学习内容，在充分保障教育质量的前提下，减少成本投入，加强与院校之间合作的黏性。另外，学生教育收获的多少应进行全面分析评价，而企业作为教育环节的参与者，也需要积极建设评价标准的设置，从而共同监督合作进行，避免对学生的教学效果产生阻碍作用。

对政府部门的要求。校企合作牵扯诸多方面的内容，像整个过程中的资金投入、各自的职能分配以及互相之间的沟通信任等，均与各大院校和对应企业的切身利益密切相关，因而校企合作中难免会出现意见不一致的情况，这就需要有专门机构介入其中进行调解。相关研究表明，以往的校企合作模式出现裂隙有很大一部分原因是政府的政策没有跟上合作的步伐，导致企业没有参与校企合作的热情，甚至无法得知具体哪些院校有与自己合作的意向。作为政府部门的相关人员，应看到校企合作对学生教育和社会发展方面的重要意义，在企业与院校之间建立连接，让它们有合作的可能性。同时政府需要明确职业院校与普通高等院校的不同之处，主动学习西方先进的教育体制，引导院校发掘各自的特色，开展特色教育教学。另外应制定必要规范让校企合作专业化，从而利于有效提升学生的个人能力。像必要的政策也必须及时提出并且落实到位，以大力支持校企合作工作。比如财政拨款，为院校增加教育资金。或者是建立优秀学生的学习优惠政策，适当增设税收的减免项目等，以降低企业与院校自身的经济压力，促使企业与各大院校以及研究所增加合作的深度。

总而言之，校企合作模式应以培养学生的职业能力为主，政府应积极参与到教育过程中来，为院校与企业创造开放的合作平台，促进双方主动完善合作过程中不合理的环节，让学生在学校的理论知识与企业工作中的实践能力得以有效提升，为职业院校学生的就业保驾护航。

第四节　跨国校企合作新模式的探索与实践

自 2013 年"一带一路"倡议提出后，国内企业加快了走出去的步伐，而高素质的国际化技术技能型人才缺乏问题随之而来，阻碍了企业的快速发展。有色金属工业人才中心针对中国有色矿业集团走出去企业目前面临的国际通用型高素质技术技能人才短缺问题，积极探索与国内高水平高职院校合作的新模式，为走出去企业缓解了燃眉之急。

一、背景及意义

自 2013 年"一带一路"倡议提出后，国内企业加快了走出去的步伐，而高素质的国际化技术技能型人才缺乏问题随之而来，阻碍了企业的快速发展。为配合国家"一带一路"建设和国际产能合作，教育部积极推动职业教育与企业协同"走出去"，即"企业走到哪里，学校就跟到哪里"，助力重点行业到国（境）外办学，推动职业院校与"一带一路"沿线国家学校和企业合作。

有色金属行业作为"走出去"先行企业之一，在国际产能合作中取得了显著成绩，同时也出现了用工难、文化难融合的困境。为解决该困境，中国有色金属工业协会联合国内优质高职院校深化校企合作，开展了首个职业教育"走出去"赞比亚试点工作，为走出去企业培养了大批适用技术技能型人才，初步探索了跨国校企合作新模式，为国内其他行业解决同类问题提供参考。

二、有色金属行业"走出去"企业人才需求存在问题

我国有色金属行业"走出去"企业遍及世界 80 多个国家和地区，境外企业达到 79 家，随着规模扩大这些企业普遍都存在用工难的问题。主要来源于两个方面：一是国内员工派出选拔困难，缺乏长期驻守的会本地语言的技术技能人才。国内传统技术技能型人才培养过程基本都是重技术轻语言，派出人员不能和本地员工流畅交流，而且因为远在异国他乡，很少有员工能长期驻扎，造成高素质技术技能人才匮乏；二是本地员工综合素质低，无法胜任重要岗位。走出去企业主要集中在赞比亚、刚果（金）、缅甸、老挝等发展中国家，当地教育受经济发展限制基础比较薄弱，职业教育整体水平偏低，基础设施普遍较差，教学仪器设备落后陈旧，办学能力和师资较弱，劳动力素质偏低，企业在当地招聘的员工在职业素质和技能水平等方面难以满足要求。

为解决"走出去"企业高素质技术技能人才需求短缺的问题，有色集团采取企业内部开设培训班，部分企业也尝试过投资建设技工学校等途径，但由于专业化师资少、教学标准不统一等因素影响，效果并不明显。随着我国行业相关的职业教育水平的快速发展，有色金属行业意识到走深化校企合作的途径才能解决企业的现实问题。

三、培养国际通用型技术技能人才采取的措施

搭建"校‐企‐校"合作平台，探索校企跨国合作新路径。"校‐企‐校"分别为国内院校、"走出去"企业和国外合作院校三个主体。搭建这个平台必须具备三个要素：一是国内院校具备领先水平，即有能力输出；二是国外院校某一方面能力欠缺或不发达，即有需求输入；三是二者有共同服务对象，即跨国企业。"校‐企‐校"合作是在满足跨国企业和国内外合作院校的共同利益下提出的一种共赢合作方式。首先，跨国企业参与人才需求和培养标准制定，使培养人才更满足企业用工需求。其次以跨国企业需求为依据，国内外合作

院校之间专业优势互补，教学资源共享，提高院校专业建设水平，有利于提高生源素质和扩大招生规模。再次，国内院校将教学标准输出，有利于提高其国际竞争力和影响力。

创建试点海外学院，培育职业教育海外生长环境。校企、校际结对合作，寻求落地点。首先从有色集团下属企业和国内外相关院校进行了调研，结合产业需求和地域特点，初步确定了哈尔滨职业技术学院、南京工业职业技术学院等八所国内院校和赞比亚铜矿石大学、赞比亚卢安夏技工学校等院校作为首批合作对象，搭建了"校-企-校"合作平台。合作的企业都是"走出去"企业，都存在异国工厂用工难的问题，迫切需高素质技术人才；合作的院校则都和跨国企业存在供求关系而又无法提供适用人才的。这些问题恰好是我国职业教育可以解决的，因此，在这种需求下，职业教育便有了"走出去"的契机，也有了明确的落地点。

创建海外学院，对接教学体系，保证平稳运行。为集中精力开展跨国校企合作教育，有色集团成立试点工作组，抽调业务能力强、精通外语的骨干人员承担相应的外事业务，并承担本土化教育模式建设的实施工作；对落地国家的教育情况和影响因素全面调研，掌握其学前基础、文化习俗、语言表达、教育机制和课程体系等方面的差异，求同存异，建立起与当地教育对接的教学体系，同时创建海外学院，从师资、教学设施等方面来保障这个教学体系稳定实施。

创新国际通用技术技能型人才培养模式，对接本地教育体系。创建分类人才培养模式。不同合作国家和地区，教育情况不尽相同，生源素质也有差异，因此在人才培养上，制定了不同的培养模式，包括学历教育和非学历教育、全日制和分段式、企业员工培训、订单培养等多种形式；培养方式采取联合招生、跨国培养、冬/夏令营等方式，满足不同地区不同学员的需求；课程体系中融入中国文化、汉语言学习、中国企业文化等课程，使得学员能够顺利融入中国企业员工集体。

建设"双聘双语双元"的多双师资队伍。海外学院聘用中国教师、当地教师、当地中资企业专家共同承担教学任务。因为培养的当地学员是为中国企业服务，所以要兼顾中国企业需求和当地文化影响。这样中国教师在教学初期需要使用当地的语言，了解当地的风俗习惯，而当地的教师需要学习汉语，了解中国的教学标准和企业标准。因此双方的教师都需要提高相应的能力。对于国内教师，通过国际交流、外语培训等方式提高其相应能力，对于国外教师，与国内知名高校开展联合师资培养，接收来自合作院校的教师，进行语言和专业方面的培训。

开发系列教材，国内外共建专业教学资源。在合作的国家和地区中，受其经济和科技水平发展的限制，其教学设施参差不齐，而国内教学资源的直接输出并不适用，针对不同地区开发了不同的教学资源。结合当地的教育体系和企业标准，制定了《企业人才培养标准》和"一带一路"工业汉语系列教材，为教学提供载体和参考标准；为赞比亚海外学院教学工作开发了"工业汉语词典 APP""专用焊接设备""工业汉语词汇辅助记忆卡"等教学资源，并将国家焊接资源库改进后输出，为境外教学提供了合适的教学资源，促进共享，实现知识无国界。

共建实训室，营造良好教学环境。为保障教学顺利实施，企业和国内外合作院校共建校内实训室和校外实训基地，国外院校提供场地和管理员，企业提供校外实训基地，国内院校通过捐赠等方式提供校内实训室的基础设施，保证实践教学顺利开展。

建立保障制度，深入全面推进海外教学实施。跨国校企合作是一个长期的过程，这个进程能否持续发展，由三点要素决定：一是有政策保障；二是有经费支持；三是有人力支撑。首先，制定政策。合作三方在合作初期从政策、经费、人力等方面进行了体制机制建设。制定了一系列规章制度，为模式提供政策保障。第二，争取经费。目前海外办学还未大规模获得国家经费支持，合作三方积极争取国家、省、市经费支持。第三，培养国际化师资。为保障海外教学长期发展，大规模全方位开展教师国际化培养。采取国际交流、理念培训、语言提高培训班、访学、外语提高培训班等途径，培养教师的国际化教学能力。

四、取得成效

跨国校企合作工作开展 3 年多来，一是掌握了赞比亚、刚果金等有色集团境外企业较为集中的非洲地区的人才需求情况，实现企业需求和境外人才培养的精准对接。二是从国内优质高职院校派出了 50 余名优秀教师到有色集团驻赞比亚企业，开展了电工、钳工、仪表工、电焊工等十几个工种，培训近 400 人。通过培训，企业本地员工的技能水平大幅提高，大大降低了企业成本，提高了工作效率。三是编写了《工业汉语》系列教材，开发双语课程，配套开发了"工业汉语词典 APP"，为海外教学提供适用教学资源。四是完成了中赞职业技术学院前期的教学设施改造、设备投入相关筹建工作，并在赞比亚成功获批五个专业。

校企跨国合作工作得到了教育部、企业和国内职业院校的充分肯定。国内启动了试点院校接收留学生和外方员工来华培训工作，目前白银矿冶学院、哈尔滨职业技术学院先后共接纳 30 余名留学生学习，北京工业职业技术学院承担了四批次境外员工培训工作，培训人数近 300 人，为企业在外经营发展创造了良好的国际氛围。同时推动了国内职业教育的国际化发展，探索了与中国企业和产品"走出去"相配套的职业教育发展模式，创新了满足中国企业海外需求的本土化人才培养方式，锻炼了一批能双语教学的国际化师资队伍，进一步深化了校企合作。

"校-企-校"跨国校企合作新模式以跨国企业为桥梁，两国学校共同发展，实现了三方共赢。依据跨国企业人才需求特点，充分利用了其所跨国度优势资源，国内院校与当地院校进行合作，实现培养企业适用的高素质技能人才的目标。一方面为跨国企业解决了当地雇员技能素质低的问题，另一方面对于"一带一路"沿线职业教育不发达的国家进行职业教育援建，同时提升国内院校的国际化教学水平。针对合作国家的国情差异性，建立因地制宜、因国施教的分类人才培养模式，提高了落地国教育普及率，探索职业教育输出标准，开发多专业、多语种、多层次的满足企业实际需求的系列教材，搭建了文化、技能相统一的载体。改善落地国教学设施，开发专用软件和教学设施，拓展专业教学资源库海外应用，实现了国内外资源共享。

第五节　校企合作研究成果与展望

产教融合、校企合作、工学结合、知行合一，被确定为中国职业教育的特色和方向。校企合作在这个特色体系中具有承上启下的关键作用。当前，对校企合作的研究主要集中在五个方面：一是校企合作模式的理论构建与实践；二是对我国校企合作现状的研究；三是对校企合作的国际比较；四是校企合作办学模式下人才培养的实施；五是校企合作机制的研究。但校企合作并未形成系统的理论体系，今后应在四个方面加强研究，即校企合作的经济基础、校企合作的理论基础、校企合作的动力机制、校企合作的促进与监管。

一、研究历程

自 2007 年以来，校企合作一直是职业教育研究的热点。在中国知网以"校企合作"为主题进行搜索，可查得 51 000 余条文献。最早的文献是厦门大学邓存瑞、俞云平于 1990 年发表在《外国教育动态》上的"美国创建工程研究中心促进校企合作"。该文介绍了美国政府通过为"工程研究中心"提供基金来建立一种大学和产业部门之间的联合的经验做法，第一次在我国引入了"校企合作培养人才"的概念。但是，在 2003 年以前，校企合作理念一直不为人所重视。在此之前每年相关文献不足 100 条。

2002 年《国务院关于大力推进职业教育改革与发展的决定》发布，明确要求"企业要和职业学校加强合作，实行多种形式联合办学"。2003 年《教育部办公厅关于试办示范性软件职业技术学院的通知》文件中，首次使用"校企合作"这一概念。在此背景下，2003 年以"校企合作"为主题的文献首次突破 100 篇。

2005 年《国务院关于大力发展职业教育的决定》发布，明确提出："进一步建立和完善适应社会主义市场经济体制，满足人民群众终身学习需要，与市场需求和劳动就业紧密结合，校企合作、工学结合，结构合理、形式多样、灵活开放、自主发展，有中国特色的现代职业教育体系。"校企合作作为职业教育体系的特色之一明确地提出来。这也是国务院的文件中第一次使用"校企合作"这一概念。

2006 年，教育部发布关于全面提高高等职业教育教学质量的若干意见（俗称 16 号文件）。明确要求高职教育要走产学结合发展道路，校企合作，加强实训、实习基地建设。以此文件为基本要求的高职院校办学水平评估，也将"校企合作"作为学校办学水平评估的重要指标。

自此，"校企合作"逐渐成为职业教育研究与实践的热点。2007 年，以"校企合作"为主题的文献首次超过了 1 000 条。以后每年以 1 000 多条的速度递增。当前，产教融合、校企合作、工学结合、知行合一，被确定为中国职业教育的特色和方向，校企合作在这个特色体系中具有承上启下的关键作用。

二、理论成果

当前，对校企合作的研究主要集中在五个方面：

（一）校企合作模式构建的理论基础

学者们从不同的角度为校企合作寻找理论基础。一般认为，教育与生产劳动相结合理论和威斯康星思想为职业院校校企合作的构建提供了方法论指导；终身教育思想和建构主义理论为校企合作模式的设计提供了科学依据；系统原理为校企合作的绩效评价提供了科学的标准；人本原理为校企合作模式构建提供了价值导向目标。还有学者从经济学的角度，用核心竞争力、交易成本、资源依赖等理论解释了职业院校开展校企合作的必要性，以比较优势理论指导校企合作的实施。这些理论从职业院校的角度出发，可以论证校企合作的必要性。但是企业为什么要参与校企合作中来，尚无充分的理论说明。如何设计校企合作机制和相关方案，更无科学的理论依据。没有理论指导，只能不断地在实践中摸索。这也是我国虽然把校企合作作为职业教育的改革方向和特色培育，但尚无成熟系统、可普遍推广借鉴的校企合作方案的原因。

（二）校企合作实践现状的研究

这是当前文献报道最多的研究方向。全国的职业院校都在探索校企合作，具体做法多种多样，形成的模式各不相同，经验数不胜数，问题大同小异。相关文献主要报道了以下研究：一是各职业院校开展校企合作的做法和经验；二是职业教育校企合作的普遍经验、模式的总结；三是职业教育校企合作中存在的问题及原因分析；四是对校企合作具体问题给予的解决意见。研究成果普遍反映校企合作现状是学校热、企业冷、政府无作为；给出的主动解决思路是政府积极作为，通过出台政策法规协调校企合作矛盾。

（三）校企合作的国际比较

有的学者侧重从国际经验角度介绍校企合作，关注的重点都是德国的双元制、美国的"合作教育"、英国的"三明治"、俄罗斯的"学校—基地企业制度"、日本的"产学合作"、新加坡的"教学工厂"、澳大利亚的 TEFE 等。主要介绍了这些校企合作模式的具体做法、优势和对我国校企合作的启示与借鉴意义。

（四）校企合作办学模式下人才培养的实施研究

学者在探讨校企合作本身的同时，基于校企合作视角对职业教育的各个要素进行了研究。主要内容包括校企合作模式下师资队伍建设、课程建设、实训条件建设等，主要观点是积极利用企业资源建成符合企业需求的教学条件。部分学者也探讨了校企合作对职业教育的影响及职业教育的应对措施，包括校企合作后教学质量保障体系的改革、教学方式的改革、实习实训管理的改革、学生思想政治和职业素质教育的改革等。主要观点是积极应对校企合作对学校封闭教育与管理的影响，适应开放办学的需要，利用信息化等各种手段，规避校企合作对教育教学的不利影响，发挥校企合作的积极作用。

（五）校企合作机制研究

校企合作机制的研究不仅是为了找到校企合作的必要性，更要找到校企合作的持续可行性。其研究的主要内容包括校企合作的动力机制、运行机制和促进机制。这也是校企合作的规律性所在。当前校企合作水平不高的原因，归根到底是还没有找到在中国政治经济和社会环境下的校企合作规律，抑或说西方的校企合作理论尚未与中国职业教育实践结合起来。

三、实践探索

在理论探讨的同时，各职业院校都认识到校企合作的重要性，积极地开展了实践探索，取得了可喜的成果，积累了丰富的经验教训。在关系上已经形成了单主体型、双主体型、新主体型和多主体型等校企合作模式。单主体型即以合作中企业或职业院校一方为主来决定双方合作事务；双主体型则是指企业和职业院校两个主体平等协商决定合作事务；新主体型则是指企业与高职院校联合成立具有独立法人资格的新的机构，通过资本混合实现合作；多主体型指多个职业院校和多个企业多边协同处理合作事务。

在具体做法上更是五彩纷呈。有共建实习实训基地、共建研发中心或者工程技术中心、订单培养、校中厂、厂中校，有职教集团、职教联盟、校企合作理事会等。各学校在开展校企合作中都同时采用多种形式在各个层面开展合作。如黄冈职业技术学院牵头成立了湖北园艺职教集团、黄冈职教集团，参加了全国商科职教集团、湖北财经职教集团、湖北机电职教集团等组织。学校成立了市政府主要领导理事长的校企合作理事会，成立了14个专业群校企合作理事会。各专业积极开展校企合作，在全国范围内推广了基地托管式、筑巢引凤式、借船出海式、文化引入式、智力互助式等五种校企合作模式。

四、研究展望

理论研究的繁荣和积极的实践探索，为职业教育校企合作理论发展提供了充分的养分，但校企合作理论尚未结出硕果。如此现实要求反思校企合作理论研究，寻找新的突破口。

（1）校企合作经济基础。经济基础决定职业教育发展，职业教育服务于经济发展。当前职业教育的校企合作不顺畅，反映了职业教育与经济基础的不相适应。西方发达国家校企合作无论如何优秀，但不服中国水土，我们不能照搬照抄。探索符合中国经济社会发展需要的职业教育校企合作，必须对我国的经济社会进行深入研究。当前特别要研究新常态下经济运行的规律，以及这些规律对校企合作的影响。

（2）校企合作理论基础。只有科学理论指导，才能产生科学合理的校企合作方案。当前校企合作的理论基础，只是揭示了校企合作的必要性。我们必须寻找符合中国经济社会发展特点的理论来指导各个层面校企合作方案的制定。博弈论、产业链理论、竞合理论、系统论、新常态理论都对职业教育校企合作具有指导意义。我们必须深入研究分析这些理论对校企合作的指导，同时协调各理论观点的矛盾。

（3）校企合作机制研究。校企合作的内生动力是什么？外在影响力有哪些？运行的保障力如何得到？只有解决了这些问题，才能确保校企合作科学可行持续发展，才能找到一条可普遍推广的校企合作关系构建路径。

（4）校企合作促进与监管的研究。校企合作不仅是职业院校和企业双方的事情，其利益相关者还涉及学生及其家庭、政府、行业协会等。各利益相关人在校企合作中如何表达诉求、维护权益、协调矛盾，如何共同发力确保校企合作持续运行，需要进一步深入研究。

第八章　校企合作平台的实践与创新

第一节　基于校企合作平台的实践与创新

高等工程教育是为国家和社会培养工程类大学生的，工程类大学生是一种综合型和应用型技术人才。对他们的培养，除了高校外，离不开社会提供的大环境，尤其离不开各行各业提供的、具有综合工程背景和工业背景的工业实践。因此必须通过校企合作，共同搭建实践教学创新平台，提升大学生的实践能力。

随着全球产业结构与中国产业发展战略的调整，高等工程类院校的实践教学需要发生一些新的变化，包括交往主体和交往方式的变化，实践主体的变化，以及产业和企业经济的深刻变化等。这便给人才培养提出了更高的要求，同时为加强实践教学改革提供了有利的条件和机遇。近年来湖南工程学院根据自身大多数专业与生产实践联系紧密的优势，积极研究和探索校企合作的体制机制，充分利用企业资源建构有特色的校企合作实践教学一体化体系，为提升实践教学质量搭建有效的载体和坚实的实践教育平台。

一、工程教育离不开工程实践

近年来，我国的理工科高校不断加强工程训练中心的建设，对大学生的工程实践教学日益重视。特别是自 2006 年以来，我国高校已有 11 个综合性工程训练中心进入国家级实验教学示范中心行列，还有 22 个综合性工程训练中心进入国家级实验教学示范中心建设行列。从规模到内涵，从硬件到软件，实现了工程实践教学一个又一个的跨越，拓宽了学生的工程基础知识，增强了工程实践能力，提高了工程素质。这标志着我国的高等工程教育在工程实践领域已经发展到一个新的水平。然而，工科类高校的工程训练并不能完全取代社会行业企业的工业训练。这是因为了解现代行业企业的产品、工艺、管理和文化等，必须深入到现场环境才能完成；行业企业需要什么样的工程技术人才，必须深入行业企业调研才能发现。

也就是说，工程类人才是一种综合型和应用型技术人才。对他们的培养，除了高校外，离不开社会提供的大环境，尤其离不开各行各业提供的、具有综合工程背景和工业背景的工业实践。因此，必须让学生有机会走向社会，走向行业企业，走向将来需要他们尽职的工作环境，这条培养工程技术人才不可或缺的途径必须打通。

二、建构校企合作实践教学一体化体系

多年来，湖南工程学院一直重视实践教学环境建设，除千方百计筹措资金加大投入，不断加强校内的实践教学基地建设外，还积极与当地政府和几十家大中型企业紧密联系，达成共识，建立了校内外较为完善的学生工业实践基地，并且建构了校企合作的实践教学一体化体系。其主要内涵是以大工程为背景，以先进性、综合性、开放性为特点，以培养工程素质、创新精神与工程实践能力为核心，强调教学平台建设与人才培养相结合，理论教学与实践教学相结合。实施计划性实践与自主创新性实践相结合的教学模式，着力培养学生的综合素质和工程能力。同时以企业对人才的需求作为导向，以创新型人才培养为目标，构建多层次、多模块、柔性化的实践教学环节。在新的实践教学体系设计中，湖南工程学院尝试进行了几个方面的改革。

将实验、课程设计、大型综合实践周、毕业实习、毕业设计（论文）、社会实践等实践环节有机地贯穿起来，面向机械、电气、化工、纺织等制造业，强化专业知识应用能力和综合素质的培养。

设置与理论教学体系相对应的工程实践教学环节，系统地锻炼和培养学生综合运用知识的能力。如机械、电气、纺织类各专业的综合性集中实践（实习）教学环节主要包括专业认知教育、金工实习、电工电子实习、纺织实习、CAD工程制图、零部件测绘、机电（服装）产品设计、生产实习、产品创新设计与制造综合实践、企业培养环节、综合能力课外培养环节等。

将知识理论与行业企业实践相结合并加以运用。把行业企业教学实践分为轮岗学习、定岗实习、项目设计、毕业设计等多个环节，让学生参与企业的研发、生产、管理等工作。企业教学实践采用轮岗、定岗和项目参与等的方式，强调学中做、做中学，教学上采用双导师制，在学校导师和企业导师的共同指导下，针对企业生产环节进行多岗轮训，或者参与企业项目，参加产品研发——工艺——生产——装配——检（试）验的全过程。通过企业实践，培养学生具有现场工程师的职业道德、工程意识和社会责任感，进一步强化学生在相关行业及企业生产一线生产现场分析、解决本专业方向工程实际问题的能力。

将社会实践、学科竞赛、课外科技活动、专业技能培训与认证等纳入综合能力课外实践模块，通过分层次、多种形式的课外训练，培养学生了解社会、查阅资料、自我学习、团队合作的能力以及工程意识和创新意识等，使学生的专业能力得到锻炼，综合素质得到提高。

三、搭建提升大学生实践能力的新平台

在深入企业进行广泛调研、对国内外同类高校比较分析的基础上，紧密结合湖南工程学院的办学实践，对构成实践教学的各个要素进行整体设计，构建出与理论教学密切相关、相互渗透、相对独立，结构和功能最优，具有应用型人才培养特色的实践教学平台。

（一）搭建适应企业环境的工业实践能力培养平台

对工程训练中心传统的实践教学平台进行改造和完善，使之符合现代行业企业环境的要求。以生产岗位、项目的实习和研究为结合点，把理论学习和实践能力锻炼较好地统一起来，把以课堂传授间接知识为主的教育环境同直接获取实际能力为主的生产一线等环境有机结合起来。同时，对工程训练中心的实践教学平台进行创新改建，增设模拟企业现场常见问题的环节，让教师在更接近真实的工程环境中指导学生，让学生在更接近真实的工程环境中得到锻炼，实现学生的应用能力与企业实际需求之间的无缝对接。

（二）创建"三层次分段递进式"实践能力培养平台

根据工程应用型人才素质和能力要求，人才培养以知识与能力结构为标准，分为学术型（科学型、理论型）、工程型（设计型、规划型、决策型）、技术型（工艺型、执行型、中间型）和技能型（技艺型、操作型）四类。除学术型外，工程型、技术型和技能型人才都有一个共同的特征——应用。按照教育和认知规律，将工程实践能力培养划分为基本技能层、专业能力层、综合应用创新能力层三个层次，创建三层次分段递进式实践能力培养平台。针对三个不同的培养层次，安排不同的实践教学内容和相应的实践教学环节，循序渐进，组织教学。

同时，在实现方式上，采用分段递进式的人才培养方式，旨在按照教育规律在工程实践教学环节中循序渐进地分阶段分层次培养学生的工程意识、工程素质和工程实践能力。实施过程中，充分利用学校和企业两种不同的教育环境和教育资源，将在校的理论学习、基本训练与在企业的实习工作经历有机结合起来，构建以能力培养为中心的分段递进式培养方式，即按校内的认识实习——校内的综合实训——校外企业的生产认识实习——校外企业的顶岗实训和项目实训等的逻辑顺序，创造应用型人才培养的良好环境和条件。

在实现三层次分段递进式实践教学环节的进程中，还应充分注意处理好课堂与课外的关系，将课外实践作为课堂教学的有益补充，进一步充实课程内涵，扩展课程外延，发挥学生的主观能动性和创造性。按照课堂、校园、社会三位一体培养模式，将课内与课外培养相结合，学校与行业企业培养相结合，工程教育与人文精神培养相结合，大大提升学生的工程应用能力。

（三）科技创新孵化成果的实践能力培养平台

就实践教学而言，学校通过与行业企业合作，使学生从行业企业获得许多科技产品研发和技术改造的机会，能够从实践中获得创新的源泉和灵感，工程应用能力和科技创新能力不断提高。就产学研结合而言，高新技术的发展及其产业化，更是给企业和高校提供了创新的舞台，扩大了学校科研开发领域，为学校结合自身人才、学科、技术优势选好高层次、高起点的研究课题进行攻关创造了条件。大学生通过参与科技创新，既培养了创新思维能力、实践能力和团队协作精神，又取得了良好的实际成效。近年来，湖南工程学院大学生参加全国和省级以上大学生挑战杯、电子科技、机械创新设计、工程训练综合能力等各类大赛中获得各类奖项达150余项，撰写并公开发表了许多有水平的学术论文和调研报告，并获得多项国家发明专利和应用新型专利。

第二节　校企合作的融合提升之路

校企合作是高职院校培养高技术技能型人才的捷径。苏州高等职业技术学校始终坚持走产教融合校企合作的道路。在新时期，学校根据市场和人才培养的新需求，在以引企入校企业为主的基础上探索了以创建企业学院为主的新模式，开启了校企合作融合提升之路，有效地促进了学校和企业的供应，推进了高职院校的产教融合。

新时代充满了机遇与挑战，人才的培养对国家的发展至关重要。党的十九大报告指出，职业学校要走产教融合校企合作的道路，校企合作是提升教师教学能力、加快专业建设、提高人才培养质量的重要方式。苏州高等职业技术学校经过几轮校企合作调整后，最终确立了以创建"企业学院"为主的新模式，加快了校企间的融合。

一、认识与理念

校企合作是学校建设发展的大事，学校把"办企业心中的职业教育"作为校企合作的理念。长期以来，学校始终坚持国家的人才培养标准，充分认识校企合作的重要意义，着眼于职业教育的发展高度，理清校企合作的理念思路。学校将课程体系，人才培养方案融入企业的生产经营，努力做到学校面向产业结构，专业建设紧跟行业企业发展，师生对接岗位一线，有效地实现了校企之间人才互动、技术交流、文化共融。

校企合作的最终目的是为社会培养高素质的技术技能型人才。学校与企业同是校企合作的主体，政府是纽带，要使两个主体进行有效的交流与合作，一方面要把握连接双方的根本因素，即构成二者之间的结合点——人才培养；另一方面要充分依托政府的导向性作用，用政策来保障校企双方的利益。同时，校企合作要坚持市场经济规律，以市场导向为原则，坚持服务企业、目标一致、校企双赢原则。只有真正做到校企产教融合，才能促进职业教育校企合作的持续、深入、和谐发展。

学校坚持大力发展职业教育，在中国制造2025的背景下，不断优化校企合作模式，在原引企入校模式的基础上探索了企业学院模式，特别是在今年年初苏州市职业院校企业学院建设现场推进会后，更是明确了未来校企合作办学的方向。

二、实践与探索

校企合作的方式很多，有校企共建联合实训室，有专业设置与课程开发，有招生与就业、师资交流与培训、职工培训与继续教育，有技术开发与服务、科研成果转化等方面的合作。学校通过十多年实践探索，建立了一套完善的校企合作机制，学校 15 个骨干专业分别与 57 家企业建立了紧密的校企合作，实现专业能力培养与岗位紧密对接，为加快技能型人才培养搭建了平台。

（一）引企入校"整体进入"，实现校企零距离接轨

学校引入苏州索尔达电子有限公司与苏州志润机械科技有限公司，企业将设备、技术、工人、经营管理模式、企业文化等整体搬进学校，建立现代电子生产实践基地，企业的生产车间即是教学一线，有效地促进了学校的标准化管理。学校制订教学计划，阶段性地将学生送到企业顶岗实习。实习期间，学校派教师管理，企业派师傅指导，实行双主体育人的模式。通过企业技术人员直接参与实践教学，学生直接参与产品生产与检验等全过程，能够深切地体验企业全真氛围，真正实现学校与企业的无缝对接。

（二）引企入校"车间进入"，实现教学、实习、培训全真化

学校与苏州米安电子有限公司共同建立 SMT 教学工厂，学校提供场地，企业投资 300 万元的 SMT 生产线，双方共同管理。学生在 SMT 课程教学中将课堂转移至 SMT 教学工厂，边生产边教学，将消耗性实训变为生产性实训，教学情景真实化的课改模式实现了教学内容实用化、教学手段现场化、实训工厂企业化，实现了专业培养与岗位能力培养的零距离接触。该项目被评为 2017 年苏州市首批校企合作示范组合。

（三）引企入校"共建联合实训室"，实现实训基地企业化管理

学校与苏州探索者机器人有限公司合作建成 3D 打印联合实训室，与日本沓泽株式会社合作建成 VR 机器人联合实训室，与西门子（中国）有限公司合作建成西门子 TIA 联合实训室，学校提供场地，企业投入设备与技术，双方共同管理实训室，在师资培训、人才培养、专业建设和社会服务等方面均取得了非常好的成绩。3D 打印联合实训室获得全国职业院校 3D 打印装配与应用大赛二等奖、金砖国家 3D 打印获三等奖、苏州市首届大学生 3D 打印设计比赛二等奖；VR 机器人也完成了第一期的建设，编制了校本教材；TIA 联合实训室为在苏的德资企业培训了 200 多员技术员工。

（四）引企入校"国外企业进入"，努力实现校企合作国际化

为了进行广泛深度的交流合作，学习借鉴国际先进的企业精神、人才培养模式，不断拓展可持续发展的空间，学校先后与日本 TBC 集团、日本 NSK 公司等国外企业进行广泛和深入的合作，对校企合作走出国门，进行了有益的探索，提高了学校国内外的知名度。2014 年，为提高职业教育的教学水平，培养德国标准的高技能技术工人，促进苏州高新区的产业转型升级，在苏州高新区管委会的支持下，学校与德国 bbw 教育集团携手共建中德职业技术培训中心，同时成为德国莱比锡工商联合会国内首个 IHK 职业资格及考试中心。

三、思考与征程

随着地区经济转型升级，传统制造业向智能制造转变，学校在人才培养与专业设置上也做出了新的布局调整，迫使原有的校企合作项目提挡升级以应对新的变化。

（一）设立校企合作委员会，推进整改落实

由学校一把手校长任主任，校级领导任副主任，相关职能处室领导、系部主要负责人、部分企业法人代表等任委员。委员会负责统筹学校校企合作模式与管理制度，决定校企合作重大事项。下设管理办公室，具体负责管理校内外校企合作单位。经过整改，现淘汰 13 个落后项目，规范 2 个项目，同时对所有的校企合作项目明确了以协同育人为宗旨的合作发展方向。

（二）建立健全校企合作制度，实现标准管理

依据江苏省现代化示范性职业学校建设标准实现校企合作管理，重新修订校企合作系列文件，理顺管理机制、引入机制和考核机制，明确管理归口部门及相关部门职责，建立多方参与的校企合作监督机制，定期公开校企合作基本情况。重新修订的制度有《校企合作管理办法（修订）》《校企合作委员会章程》《校企合作（项目）审批意见表》《校企合作协议编号》《校企合作协议样本》《校企合作奖励办法》等。

（三）创建"企业学院"，探索校企合作新模式

成立企业学院是贯彻深化产教融合、校企合作精神和落实我校办企业心中的职业教育理念的重要举措。学校与宏成基业联合成立企业学院——宏成基业·美即装饰学院。企业学院建成设计师教学区、会客接单实训区、材料展示区、施工工艺展示区和样板房等，为室内设计专业提供了实训保障；与亚振国际家居有限公司在校企协同育人、提升学生职业素养、实现校企共同发展、校企文化互融等方面达成合作协议，创建亚振家居商务学院。美即装饰学院办学以来，不仅为学生提供实践岗位，还向苏州 30 多家装饰公司推荐毕业生。

学校校企合作的实践证明，校企合作是企业和学校的"双赢"之路。据统计，每年企业为学校输送 50 余名兼职教师，为学校提供 500 多个顶岗实习岗位，接受 100 多名毕业生就业，同时校企共同开发教材 20 余部；学校为企业提供技术服务，每年为企业培训员工约 400 人次。校企合作是学生成才的捷径，我们将积极探索推进校企深度合作新机制，努力推进合作育人，全力开创校企深度融合发展的新局面。

第三节　校企合作与中职学生就业

我国的中职教育存在着重理论轻实践的弊端，学生的专业实操、实训条件有限，导致其专业技能水平达不到企业的岗位需求，所以，中职毕业生就业经常会遇到很多困难，进而影响到学校的招生，造成一些中职院校办学质量下滑，甚至到了举步维艰的地步。目前，校企合作是中职院校走出困境的重要途径，是学生顺利就业的重要保障，也是企业解决用工难问题的重要举措。十九大以来，国家出台了许多促进校企合作、深化产教融合的政策，各中职学校应积极抓住机遇，加快与企业深度合作的步伐，培养出合格的技能型人才，实现与企业的无缝对接，保障学生顺利就业。

我国中等职业院校的教育宗旨是：为国家培养生产、管理、服务行业一线的技能型人才。而我国的中职教育长期以来都是重理论轻实践的，这种教育的最大弊端就是学生在课堂上学习的理论知识与企业的生产实践严重脱节，这样就会形成一种非常尴尬的局面：中等职业院校的毕业生进入企业以后由于学校所学技能不能满足企业岗位需求而不能马上上岗，需要再培训，加大了企业用人成本，所以，企业不愿意招聘中职毕业生，更愿意招聘技能成熟的员工。这样，中等职业学校的教育和企业的用工需求成了两张皮，互相需求却又远隔千山万水，造成这一现象的原因虽然是多方面的，但中职学校和企业之间没有进行校企合作或者合作不到位，缺乏有效沟通是其中重要的原因。所以，校企合作是中等职业教育走出困境的重要途径，也是中等职业学校毕业生顺利就业的前提和保障，尤其是一些边远和经济不发达的地区更应该把校企合作提到中等职业教育的议事日程上来，为中职毕业生的就业提供强有力的保障。

一、中职学校毕业生就业难的主要原因

校园文化和企业文化的差异。中职学生在学校接受教育，学习专业课程知识，耳濡目染的是校园文化，如果不能在在校期间和企业有所接触，了解企业的生产实践和企业文化，进入企业后，很难在短时间内进行角色的转换，去适应新的环境与生活，会遇到很多问题和困难，如果解决不好的话，会产生很多的困惑，造成很大的心理压力，导致他们不能安心工作，甚至不能胜任本职工作，这种情形不利于已经就业的学生其职业生涯的长远发展和规划，也会使得企业方面对中职毕业生能力的认可度下降，以后都不愿意招聘中职毕业生，这对中职学校毕业生整体的就业环境产生不良的影响。

2017年笔者和两位同事经过近十个月的奔波，共走访调研了呼和浩特市周边地区的大、中、小型企业220家，这些企业涉及的领域很广，有餐饮、酒店、销售、食品加工、饲料加工、药品加工、包装加工、机械制造、汽修、汽车销售、物流、广告、传媒等等。一个普遍存在的现象是：大型和中型企业招聘门槛普遍比较高，招聘报名的首要条件是研究生、本科

生，专科生有的企业也不愿意聘用，只有部分小型企业和一些企业的个别部门愿意录用一些中职学校的毕业生，而且录用的行业范围也不太广，多为酒店、餐饮等一些服务性行业。

根据整理调研问卷的情况看，企业不愿意录用中职毕业生的原因主要是：中职毕业生年龄小、文化程度普遍偏低，适应工作环境的能力不够，也不容易沟通，以至于不能很好地胜任一些工作，导致其工作稳定性差、流动性大。这是呼市及周边地区大多数企业对中职毕业生的普遍认知，虽有偏颇，但也足以说明一定的问题，那就是中职毕业生就业前景并不乐观，需要学校引起高度重视，注重文化课、德育课等基础课程的开设，开创素质教育的新局面，全面提升学生的综合素养。

专业设置、课程设置与企业生产需求的不对等。现在，科技的进步日新月异，技术更新和新技术投入生产实际的周期越来越短，所以，企业的用工需求在不断变化，人才市场对技术、技能的需求也在不断变化，而职业学校的专业设置一旦成型，一般是很少变动的，这样学校的职业教育和人才培养与社会、企业的人才需求脱节，除了造成教育资源的浪费，更严重的是导致学生不好就业，误人子弟。

再者，职业学校专业课程设置一般也是很少变动的，基础课教材一般变动不大很正常，但对于职业学校而言，专业课教材多年来一成不变对职业教育是致命的。老师辛苦教授的，学生认真学习、掌握的专业技术和技能有时是已经被新工艺淘汰了的技术、技能，不能满足企业生产实际的需求，导致学生不能顺利就业。

教育理念的更新落后于经济的快速发展。我国的经济发展迅猛，让全世界都刮目相看，而教育理念的更新远远落后于经济的发展，尤其是在一些边远和经济不发达的省区，这一现象尤为明显。这会导致当地的教育不能很好地为当地的经济提供服务和支撑，反而会制约当地的经济发展。所以，落后的教育理念不能把学生培养成企业需求的综合素质高、专业技术强的技能型人才，导致中职毕业生就业难度增加，甚至会影响学生长远的职业发展和人生规划。

现代企业，对员工的要求在不断地与时俱进。企业越来越看重员工的综合能力和素质，技能单一而综合能力不够的毕业生越来越不受用人单位的欢迎。这就需要各中职学校积极更新教育理念，积极进行教育教学的改革和创新，给予学生全方位的、真正的素质教育，切实培养学生的综合能力和素养，以适应企业的需求和经济社会的发展和变化。

呼和浩特市区以及周边旗县有公办中职学校 11 所，民办中职学校 23 所，共 34 所。公办的中职学校能基本履行国家教育部的规定，将专业课、实训课、基础文化课按要求开齐、开足，而民办中职学校办学能力和教育教学能力良莠不齐，尤其在课程开设方面大多存在着不科学、不合理的现象。为了提升全市中职学校的教育教学水平，促进当地的经济发展，呼和浩特市教育局于 2017 年 10 月下发文件，成立教学督导小组，深入各民办中职学校进行教育教学的常规检查。调查结果显示，只有 3 所民办中职学校能把基础文化课开齐、开足，20 所学校存在着没有开齐或没有开足的问题，有 1 所学校甚至于没有开设任何基础文化课，这个学校有的学生在填写调研问卷时居然连常见的字都不会写，这一现象让人震惊，也让人担忧。试想，这些只有简单技能的学生就业前景能好吗？就业以后的职业发展前景能好吗？所以，当地教育行政部门一定要对中职学校的教育、教学行为进行积极的监管和引导，把素质教育落到实处，力争培养出综合素养高的合格的技能型人才，拓展中职毕业生的就业前途。

二、企业用工难的原因和解决办法

企业用人主要包括两方面的人才，管理岗位和一线操作岗位。不管什么岗位首先强调专业对口，有相应工作经验的人才最受欢迎。这样企业就能缩短岗前培训时间，节约成本，让新人尽快熟悉岗位工作，发挥自己的作用。

拥有研究生、本科生这些学历的毕业生进入企业以后主要从事办公、管理层面的工作，以后努力发展的方向也是企业的白领，很少有人愿意在生产、服务一线长期工作和发展的。而一些生产、加工、制造、服务型的企业需要大量一线的专业技术人员，人才市场中有理论和实践经验的专业技术人员毕竟有限，招聘没有实践经验的人员还需要企业花费大量的人力、物力和时间去进行培训，除了加大生产成本，有时难免会影响到企业的正常生产，尤其在一些经济发达地区，一些工厂和企业经常会出现用工荒。有的企业通过政府相关部门的帮助，解决了用工的燃眉之急，但解决不了用工难的根本问题。企业用工难的根本原因是没有自己长远的人才培养计划和培养体系。

企业如果想持续、稳定的发展，必须在用工方面有一个长远的规划，制订合理可行的人才培养计划。最具培养潜力的一线操作人员便是职业学校的学生，因为学校有完善的教育教学设备和经验丰富的师资队伍以及其他匹配的教育资源，教育教学比较规范，能有计划有步骤地按课程设置、教学大纲、教学目标来培养各种技能型人才，这是任何培训机构都无法比拟的。

企业无论从自身的人才培养目标甚至于从自身长远的发展出发，还是从促进我国职业教育的角度甚至于从国家经济可持续发展的宏伟目标出发，都应该积极寻求和中职学校的合作，和职业学校进行全方位的沟通和交流，和学校一起共同培养企业所需的合格的技能型人才。

三、校企合作的必要性

目前，校企合作是中职学校教育改革和创新的主要举措，是提高人才培养质量、保证学生顺利就业的重要途径，也是企业获得稳定用工源的重要途径。

校企合作可以实现信息共享。职业学校为社会培养生产、服务一线的专业技能型人才，在经济发展迅速、市场需求不断变化的大环境下，学校只是教育教学机构，和市场接触有限，各种信息的获得受限，影响学校对学生培养方向和培养计划的适时调整，从而影响到学生的顺利就业。而企业是直接面向市场的，各种信息包括市场需求信息、技术生产、技术更新等信息都是最前沿的，如果学校和企业进行合作的话，学校会快捷的获得这些信息，及时有效地调整学生的培养方向，使培养目标紧跟市场的需求，保证学生的就业前景更为美好。同时，企业也会省时省力获得到自己所需求的专业技能型人才。

校企合作可以实现资源共享。职业学校有稳定的师资队伍，有比较完善的教学管理机制，有比较系统的教育理念，有比较先进的教学辅助设备，所以，学校有足够的能力完成专业课理论知识的教学目标和教学任务。但由于经费不足和场地有限等原因，一般职业学校实训室的设备和条件很有限，不能满足学生对专业课实操和实训的需求，而动手能力和实操能力只能在实际操作中来练习、提高，这是书本说明、多媒体演示、形象模拟都无法弥补和替代的，故而，实训设备和实训场地的不完善始终是职业教育的短板，使得学生的技能水平始终无法达到企业的实际要求。而企业拥有丰富的设备和场地资源，能满足学校和学生的这些需求，所以，学校就要积极寻求与企业的深度合作，通过"走出去、请进来"的方式，实现与企业的无缝隙对接。让学生毕业后就能直接就业，无须岗前培训就可以顺利上岗。

学校与企业深度合作，共用企业资源，可以从这两方面入手：

合作方式一，企业有先进配套的生产设备资源，有现代化的车间，有经验丰富的一线技工师傅，将企业作为实习、实训基地，通过传帮带让师傅教授学生实操方法和经验，这样的学习环境和资源能最大限度地使学生的理论知识进一步深化、拓展、落到实处，尽快被培养成为合格的技能型人才。

合作方式二，企业有专业的工程师，他们接受过良好的高等专业教育，又有着丰富的实践工作经验，聘请这些专业工程师为学校专业课的双师型教师，能让学生更早更多地了解企业一线的工作情况，使学生增加对企业的感性认识和学习技能的兴趣，收到事半功倍的教学效果。

所以，校企合作是实现职业学校学生专业理论知识和实践结合的最佳途径，是学生顺利就业的前提和保障。

同时，企业也可以利用学校完善的教育资源、师资队伍、教学环境、教学设备对员工进行培训，以满足企业新技术、新工艺对员工技能提升的需求；企业也可以深入参与到学校的教学计划、课程设置等环节，和学校共同培养企业所需的专业技能型人才，直接聘任到企业工作，无须再进行岗前培训，能最大限度地减少用人成本，成为企业解决用工难的主要途径，也是企业增大人才储备的有效手段，使企业在市场竞争中始终处于优势地位。这样，学校和企业可以实现资源互补和资源共享，达到双赢的效果。

四、校企合作前景广阔

当前，正是校企深度合作的最好契机。习近平总书记在十九大报告中指出，建设教育强国是中华民族复兴的基础工程，必须把教育事业放在优先的位置，加快教育现代化，办好人民满意的教育。在报告中还讲到，要完善职业教育和培训体系，深化产教融合、校企合作。2018 年 2 月 5 日由教育部、国家发改委、工业和信息化部、财政部、人力资源社会保障部、国家税务总局六部委联合印发了《职业学校校企合作促进办法的通知》，明确提出了促进校企合作的方针、政策和具体实施办法。

我国的职业教育现在遇到了前所未有的好时机，有国家政策的扶持有政府相关部门的协助，中职学校应该抓住机遇，深入贯彻落实十九大精神，积极进行教育模式的改革和创新，积极主动地和企业进行全方位的接触，开启灵活多样的合作模式，培养出新时代合格的技能型人才，确保学生顺利就业的同时，促进我国经济的快速发展。

第四节 浅谈高职服装设计专业校企合作

随着高职教育改革的深入，越来越多的职业院校都在思考今后的办学该如何适应社会发展需求。本节分析了高职服装设计专业校企合作的必要性，给出了校企合作的具体措施。

教育部召开的第一次全国高职高专教学工作会议给出如下定义：高职教育要培养适应生产、建设、管理、服务第一线岗位需要的德智体美等方面全面发展的高等技术适应性人才。越来越多的职业院校都在思考今后办学应该如何顺应社会发展需求。笔者也对所在服装设计专业进行了深入思考，总结培养创新性人才的教学规律。

一、高职院校服装设计教育与产业结合的必要性

大学不仅仅只是传承文化、培养人才而已，还应该具有科技创新、服务社会甚至引导社会的功能。可以说，高校是知识创新的主要发源地，不仅是知识经济的动力源，更是企业改革的驱动器。高校不能只管教学而脱离社会的需求。西方高校的服装设计教育办学方向很贴近市场，原因之一就是这些学校的资金很大部分来自于当地政府的补贴、私人的赞助、企业的投资等，投资需要回报，所以学校很多科研项目都是来自社会的具体项目。与地方经济和产业发展相结合，这是许多国外著名服装设计院校的一个共同特色。因此服装设计人才的培养只有与社会紧密联系，学校才能根据社会需求及时调整专业结构，发展社会急需和具有前瞻性的专业。市场需求会随着社会的发展而变化，原来高职院校服装设计专业以工艺为主，而现在的市场需要大批能够创造价值的设计复合型人才。我们应主动适应区域经济发展需求，了解当地主要的用人单位或大型企业人才需求的方向和标准，并建立长期的合作关系，使学科发展具有地方特色和属地优势，为本地区的经济发展服务做出贡献，最后实现双方共赢。

二、服装设计教育调整课程设置的必要性

高职教育应以市场需求为目的设置培养计划和教学课程，虽然目前社会与产业对高校服装设计专业的要求越来越高，但是由于多种原因造成高校服装设计教育与产业发展脱节，高职院校服装设计教育远远滞后于产业发展。虽然每年培养出来的人才众多，但是毕业生

普遍能力低下而无法胜任工作。这就出现企业、公司人才难觅，毕业生就业难的尴尬局面。造成这个局面的原因很多：其一，高职院校人才培养方向的过度集中。有些专业已经很饱和，学生就业自然难；其二，教学计划过时。很多高校教学计划大同小异，课程设置相互"拷贝"，没有根据自身人才培养目标来合理规划专业教学，没有适当增减课程和教学内容等；其三，专业骨干教师与社会脱节。很多教师直接从学校到学校，或从别的专业转过来，缺乏业界工作和实务经验，而业内一流的领军人才更少。教师的教授内容多是纸上谈兵，从理论到理论，专业教育在与市场的结合过程中出现了断点，教学理念存在着局限性，评价的方法过于单一等问题，培养出的学生缺乏实际操作能力。因此必须坚持从行业发展规律和专业发展的实际情况出发，参照市场对人才的需求和学生具体情况，明确办学定位，建立良好的教学模式。

三、服装设计教育与产业结合的模式

校企合作。校企合作是直接提升服装设计教学质量的最有效方法之一。在互利互惠的原则上，企业出设备，学校出技术和场地开发研究企业项目，将企业变成专业的实践教学基地，构建产学研结合的长效机制。设计院系可以聘请合作企业的设计师担任实践课教师，也可以安排学生到合作企业实习，这样既帮学校解决了实践教学场地不足的问题，也为企业实现了提高经济效益和培养人才的目的。通过外聘企业设计师补充原有传统教学结构下的实践课程教师队伍，学校教师也可以逐渐走向企业，与市场紧密结合，最后真正组成一支既有渊博知识又有较强设计能力的"双师型"教师队伍。

订单培养。学校可以根据合作企业对人才的需求，实行订单式人才培养模式，这样既可以解决学校经费短缺的问题，也可以解决学生就业难的问题。校企合作一开始就需要建立规范化的政策制度，让校企双方在制度的约束下履行各自的责任和义务，如劳动用工制度、工资薪酬制度、学习考核制度等。

实行项目化教学。项目教学能够使学生在学习专业基础课的基础上，综合发挥自己的专业能力，整合自己各方面的知识，系统考虑设计问题。教师在实际的教学中把企业委托项目作为"项目课题设计"带入课堂，根据项目需求进行市场调研和制定训练实施方案，这样就可以促使学生走出校门接触市场增长见识，直接接触企业设计流程，让学习更科学更高效。大学生思想活跃有创意，其设计作品虽幼稚却不墨守成规，能为企业带来新鲜血液，而且还为企业带来人才储备资源。另外学生的低酬劳也给企业带来实惠。实现"让企业走进来、学生走出去"的良性循环。

总之，高职院校服装设计专业的培养目标应该更贴近本地经济社会的发展需要，建立动态调整机制，更灵活机动地调整和优化专业和学科结构，走出一条符合市场发展规律的特色之路。

第九章　财务管理专业校企合作

第一节　高职财务管理专业校企合作模式探索

国家发布了一系列深化产教融合、校企合作的政策法规。高职财务管理专业的校企合作也深具意义。本节从高职财务管理专业校企合作人才培养模式的现状分析，通过法律法规层面、师资培育、课程设置和校企双方共建人才培养模式的角度，提出了一些对高职财务管理专业校企合作模式的建议。

近年，国务院发布了一系列关于深化产教融合、校企合作的政策法规。《国家中长期教育改革和发展规划纲要（2010-2020年）》强调，职业教育要推进教育教学改革，实行工学结合、校企合作、顶岗实习的人才培养模式。教育部出台的《高等职业教育创新发展行动计划（2015-2018）》也明确提出："坚持产教融合、校企合作，推动高等职业教育与经济社会同步发展"的发展途径。随着国家对职业教育的投入逐步加大和常态化，产教融合、校企合作的深度和广度不断扩大，对于高职财务管理专业来说，也要深化和企业的合作，加强双方联系，校企双方达成共识后，为学生创造有利的就业环境，也为学校精准解决学生就业问题，达到为企业输送优质人才的目的。但由于财务管理专业的特殊性，使得校企合作人才培养模式有很多问题，希望引起学校的重视，尽快采取相应措施解决，切实提高职业教育人才培养质量。

一、财务管理专业校企合作人才培养模式的现状

财务管理专业在校企合作中的特殊性。财务管理专业每届毕业的学生人数较多，一般都有好几百人。虽然每个企业都设置有财务岗位，但企业的人才需求较少。"订单式"或者说"现代学徒制"此类常见的人才培养模式更加适用于人才需求量大、工作模式传统固定、行业商业机密不多或者不容易泄露的行业，如机械制造业、设备维修业、服务业等。而财务涉及的资金，是一个企业的命脉所在，因此导致学生在校企合作的过程中注定参与不到企业的账务核心业务里面去，使得财务管理专业的学生无法有效地参与校企合作。

企业方在校企合作中缺乏活力。企业是以盈利为目的存在的。在校企合作过程中，企业需要对学生进行培训、指导、训练以及管理，对于企业来说是需要增加运营成本的。学生的错误和过失可能会导致材料成本的上升，甚至安全事故的增加，企业的工作效率必将

低下。然而，现在的学生顶岗实习模式是学生先参与企业的实践，实习期满后，学生和企业可以双选，企业很有可能面临人才流失状况。而且，我国还没有出台关于校企合作方面的法律法规。这使得在校企合作的过程中，企业、学校、学生没有明晰的权利、义务、责任依据，导致企业在校企合作中顾虑甚多，缺乏活力。

教学内容与现实的差异。大数据、云计算时代的到来无形中推动着企业的转型，大部分的企业在不同程度上参与了企业的转型与升级。而面对如此剧烈的企业转型升级，一些高职院校的财务管理专业依旧沿用旧教材，纳税申报、税务筹划还止步于纸质工作，运用现代新工艺、新手段不多，信息化程度滞后。能够真正参与到企业真实账务的学校不多，以至于学生毕业进入企业后，学到的内容与企业的工作脱节，不能良好地适应工作的需求。

二、对高职财务管理专业校企合作模式的建议

制定法律法规，完善配套制度。政府应尽快出台相关的法律法规，制定相关政策，保障并限定企业、学校、学生的权利、义务与责任。企业、学校、学生在各自的行使范围内，确保校企合作的有效性与合法性。同时，法律应明确校企办学的准入条件，学校和企业共同制定并完善校企合作的配套制度。应提倡以校企主导、政府助推的合作机制。从而规定校企合作组织形式、主体资质、合作形式、各方权责、协议内容、过程管理等内容。另外，推进校企合作的经费主要来源于职业院校自身的办学经费，往往捉襟见肘，地方政府应该适当以财政拨款、税收优惠等形式给予参与校企合作的职业院校与行业企业一定程度的经费支持，也可以吸引基金公司的投资，从而在经费方面为职业院校推进校企合作保障多样化的经费来源。

培养师资，聘请专家进校园。大数据、云计算时代的到来，不仅是学生的机遇也是教师的挑战，要想更好地实现校企合作，也应该注重师资的培育。财务管理专业校企合作的引领者还须以教师为主导，必须要加强师资队伍的建设。教师只有通过培训才能了解最新的行业动态，才能提升校企合作的服务。把教师的职业生涯目标与校企合作的目标相结合，注重教师的理论培养和工作实践，把教师的职业成长与校企合作的目标相统一，特别是新技术、新工艺、新知识的继续教育也十分关键。同时，与多家企业建立校外实训基地，保持稳定可持续发展的合作，教师也应该积极参与企业的调研，才能更好地了解当前财务管理专业人才需求，进而有利于教学内容的规划与安排。另外，应聘请企业专家走进校园，使得课堂与实践相对接。通过讲座，兼职课程等方式，让学生接触到企业一线的新思路、新技术和新知识，开拓学生的思维和兴趣。

调整课程设置，校企双方共建人才培养模式。校企双方可共建课程体系和人才培养模式。按照就业岗位（群）的工作项目及企业典型工作任务，以职业活动为导向，以学生为主体，以职业能力培养为目标，结合国家职业资格标准要求，校企双方共同构建与高端技能型专门人才培养相适应的专业课程体系。校企联合制定培养目标和培养方案、共同建设课程与开发教程，可开设专业学习领域和公共学习领域两大模块课程。如专业学习领域主

要包括：专业基础课程——基础会计、财经法规与会计职业道德、财政金融基础、个人理财等；专业核心课程——初级会计实务、成本会计实务、财务管理软件应用、财务管理实务、税费计算与申报等；集中实践课程——财经基本技能实训、会计基本核算能力实训、企业经营沙盘模拟实训、纳税申报实训、财务管理案例分析、财会综合模拟实训、毕业顶岗实习及论文等；专业拓展课程——小企业会计准则、财务管理专论、财务文件写作与沟通、大数据、商务礼仪与语言艺术等。

近年来，国家越发重视高职院校和行业企业的校企合作，发布了一系列相关的政策文件，大力推进产教融合、深化改革。本节从财务管理专业在校企合作中的特殊性、企业方在校企合作中缺乏活力和教学内容与现实的差异等角度分析财务管理专业校企合作人才培养模式的现状，并从法律法规层面、师资培育和课程设置调整和校企双方共建人才培养模式方面对高职财务管理专业校企合作模式提出了一些建议，希望校企合作能达到资源共享和双赢的目的，为社会贡献和输送优质的人才。

第二节　高校财务管理专业校企合作人才培养模式探讨

本节从高校校企合作对培养高素质应用型人才的意义入手，通过分析我国目前校企合作人才培养模式存在的问题，提出了优化我国高等院校财务管理专业校企合作人才培养模式发展的建议。

一、高校财务管理专业校企合作人才培养模式的意义

财务管理专业是与社会经济发展联系十分紧密的一门应用型学科，随着我国经济的快速发展，对财务管理专业的高素质应用型人才需求越发强烈，构建合理的应用型财务管理专业校企合作模式对于培养应用型的财务管理专业人才具有更加重要的意义。校企合作人才培养模式是一种以市场和社会需求为目标，以培养学生的全面素质、综合能力与就业竞争能力为重点，将学生的理论学习与实践操作紧密结合，实现高等院校和企业双方共同培养人才的一种"双赢"方式。

对学生的意义。校企合作人才培养模式可以改善目前学校普遍存在的重理论，轻实践的现状，把学生的理论学习与工作实践紧密结合起来，使学生完成了理论 - 实践 - 理论的过程，锻炼了学生的动手能力，分析能力，应变能力，大大提高了学生的综合素质。同时该模式也解决了学生就业和企业人才需求之间的矛盾，企业可以直接挑选实践中能力强，综合素质高的学生，同时学生也可以及时了解用人单位的情况，选择更加适合自己发展的单位，更好地实现学生就业和企业用人的顺利对接。

对学校的意义。学校通过与企业的广泛合作，可以更好地了解企业的人才需求和岗位设置情况，有利于学校的课程设置和专业建设。企业界财务管理方面的专家与学校教授共

同制定财务管理专业培养方案和教学大纲，使培养的财务管理专业应用型人才"商品化"，即以企业对人才的需求为导向，将现有的课程与企业需求的将要开设的课程进行优化组合，构建符合本校实际的财务管理专业课程体系。

对企业的意义。通过校企合作，企业利用学校的教育资源，使学生提前进行实践，提高了学生的专业技能以及岗位适应能力，提高培训质量，节约了企业的人力资本，最大限度地满足了企业对人才的需求，最终促进了企业的发展。

二、高校财务管理专业校企合作人才培养模式现状

订单培养模式。订单培养模式也叫"人才定做"。它是指学校以企业用人协议为依据，根据"订单"要求选择、培养学生，再将培养的人才输送到企业，实现对口培养。订单培养是一种契约式培养，其实质是按照市场需求提供人才。通过订单式人才培养，学校充分发挥企业物资资源和人力资源在教学过程中的作用，同时企业参与制订人才规格、课程设置、评估考核标准，有针对性地培养学生的职业责任感和敬业精神，确保人才培养与社会需求同步。

双师型教师培养模式。"双师型"教师指同时具备教师资格和职业资格，教育教学能力和工作经验兼备的复合型人才。目前我国高校教师队伍普遍学历较高，有相当比例的教师具有博士学位，虽然教师学历较高，理论知识比较丰富，但是普遍存在实践经验比较缺乏的问题。因此采用双师型人才培养模式，学校聘请企业管理人员担任讲师，定期举办讲座和专业实践培训，提高学校教师的实践技能，同时企业员工也可以在学校接受理论知识培训，提高学历水平，实现双方互利共赢。

专业实训基地模式。专业实训基地模式是企业与学校在学生实习环节进行合作的一种模式。实训基地是由多个实验实训室组成的，用于在校学生通过工学结合学习实践技能的场所。实训基地分为校内实训基地和校外实训基地。校内实训基地是指其位置在学校内部的实训基地，校外实训基地是指通过校企合作建设成立的，位置在企业内部，用于在校学生学习实践技能的场所。通过实训基地模式，学生可以把理论知识与实践紧密结合起来，一方面学生通过岗位训练，提高了实际操作技能，另一方面学生在实践中发现自身理论知识的不足，进一步提高理论知识水平。同时通过实训基地模式，企业可以选择优秀的人才，减少了企业人力成本，学生也减轻了就业压力。

三、优化我国高校财务管理专业校企合作人才培养模式的建议

推动校企合作法制建设。与西方发达国家相比，我国校企合作发展较晚，法制化进程颇为缓慢。目前，我国校企合作方面的专门立法尚属空白。以德国"双元制"为例，双元制教学促进德国飞速发展，很重要的原因是双元制教学有着完善的法律保障。有法律作为保障学校和企业之间的合作完全没有后顾之忧，学生可以分别在企业和学校接受教育，所以我们要借鉴国外成功经验，推动校企合作法制建设，对于校企合作人才培养模式的发展

有着重要意义。

加强师资队伍建设。加强双师型教师专业团队建设，建立学校和企业的密切合作，使教师有机会到企业参与实践训练、学习企业管理经验，同时企业派经验丰富的管理人员走进学校课堂，定期为广大师生进行讲座，并且企业管理人员可以在学校进一步提高自己的理论水平学习，一方面可以推动教师—企业—教师的循环模式发展；另一方面实现学校、企业、家庭等多方共赢。

深化专业改革。学校按照市场和企业需求，对专业定期重新设置、调整。以课程开发合作作为中心校企合作人才培养项目，例如财务管理专业的财务会计课程是一门实践性很强的课程，在制订该门课程的教学计划时把它分为理论和实践教学两部分，学校教师进行理论教学，同时聘请大型企业培训师给学生进行实践教学。这样可以更好弥补教师实践能力不足。另一方面学校针对学生的不同阶段，制订明确的实习计划和内容，努力形成比较完整的实践教学体系。

第三节　财务管理专业校企合作动力源模式初探

在人力资源市场上，企业是主要的人才需求方，学校是主要的人才供给方，按照市场机制的要求，学校的人才培养要与企业的人才需求相关联。校企合作就是适应市场机制的要求，通过学校和企业的双向介入，把学校培养出的具有一定理论知识的学生同企业的实践相结合并在实践中锤炼成才，从而均衡人才的供给与需求的一种高等职业教育人才培养模式。随着我国高等职业教育的不断发展，社会各界都认识到创新高等职业教育人才培养模式、提高人才培养质量的重要性。政府在许多相关文件中也都明确指出大力推行工学结合、校企合作的人才培养模式。因此通过校企合作培养高技术人才的理论研究和实践活动在高等教育领域得以如火如荼地展开，从而在实践中探索出了许多校企合作的有效方式，这些方式我们通常称为"校企合作的模式"。常见的模式有：顶岗预分式合作模式、订单式合作模式、联合式合作模式、来料加工式合作模式、"学工交替"模式、"实训-科研-就业"模式等等，通过这些模式的运用使得学校的实践教育教学能力得到了提升，培养出的学生掌握了一定的实践技能，具有很强的实践能力，在一定程度上满足了企业对高技能人才的需求。但是我们在校企合作实践中仍然发现了一些问题。

合作中常常采用"拿来主义"，忽略对企业的需求分析，导致合作动力不足。目前我国高职教育的校企合作模式大多都还属于以学校为主的模式，在相互借鉴校企合作的方式时，常常采取"拿来主义"而忽略企业的实际情况，致使双方合作动力不足，缺乏积极性，合作效果不明显。如许多学院常采用"顶岗实习"模式，但在实习的过程中常出现这样的问题：企业该岗位不需要人，或者学生学的专业若是涉及财务、营销、战略、生产等方面，企业从本身的利益出发往往不愿意让学生接触实质性的工作，此外，有的企业认为学生学的知识理论性太强，实际中用不上，由此学生接触不到实际，导致学生了解不到企业的实际业务、缺乏熟悉业务、参与业务的机会，实习常流于形式。而有时，企业的某一岗位急需人手，想通过校企合作方式让学生来顶岗实习，但是，学校按教学要求又无法安排学生去实习，或即使能安排学生去实习，但实习的时间又不能满足企业的要求，致使合作机会丧失。总之，企业需要人时，常常没人来，而企业不需要人时，强硬安排学生实习，常弄得校企合作的双方疲惫不堪，甚至出现不愿意合作的消极情绪，更为关键的是在这样的合作中双方无法获益，即企业不能从合作中获得所需要的人才致使相关业务低效运作，收益受损；学校在合作中也因有名无实致使相关专业的教师及学生丧失获取实践经验和培养实践能力的机会；从而导致双方失去了合作的动力，合作效果无从谈起。

合作时学校常选择大企业作为合作对象，而忽略了与中小企业的合作。在校企合作中，学校往往选择大企业进行合作，而事实上，中小企业更渴望校企合作中小企业虽小，但部门齐全，常常因部门缺乏人才，管理水平提不高，错过了时机，影响了企业的效益与发展，所以中小企业急需人才的补充和知识的更新，对校企合作充满了渴望。

在校企合作中小企业也常常会遇到一些困难：①在企业中开展教学活动影响生产。学校若在生产过程中开展教学活动，势必影响中小企业的生产效率。在很多情况下，需要增加场所、教学设备等才能完成教学，这又给企业带来经济上的负担。同时实操性学习是以出错为代价的练习，新手的操作成本较高，这又给企业带来了一定的经济损失。由于各种原因，很多中小企业的员工和管理人员对学生的实习没有积极性；②学生实习会增加企业管理难度。学生到企业实习，人身伤害风险和劳动伤害等风险也是不可回避的；学生在企业实习经常会出现工作岗位与专业不对口的现象，而学生不是企业员工，这就增加了企业人员管理的复杂性和工作量；负责指导学生实习的员工不一定具备管理能力，也可能会"做"不会"说"等等；一些规模小、资金紧张的企业，更是不敢参与校企合作。

理工专业合作较容易，经济管理类专业合作较困难。虽然在实践中也有同小企业的校企合作，但诸多的合作只限于工科类的学院与企业的合作，因为在这些院校科学技术转化为生产力较快，合作的效果较明显或易于预见。而校企合作中财经类、文科类职业技术院校与企业合作起来较困难。

为了解决以上问题，课题组通过社会调查和研究，以陕西财经职业技术学院（以下简称陕财职院）与陕西路安特实业有限公司（以下简称陕西路安特公司）作为合作对象，构建校企合作的新模式，并付诸实践，以便为中小企业与财经院校合作获取更多的经验。

一、构建财务管理专业校企合作的动力源模式

校企合作中的基本问题在于学校和企业之间的合作往往缺乏活力和积极性，以至于双方无法建立合作的长效机制。也就是说，校企之间的合作缺乏动力源泉，而缺乏动力的原因在于合作时没有考虑企业的需求。为了使校企合作向纵深发展，必须探讨校企合作的长效机制。而校企合作的动力应该是维持校企合作长效机制的主要因素。

校企之所以能够进行合作，最基础的动因是双方对彼此都要有合作要求，而彼此要能够用所拥有的资源来满足对方的需求。企业有技术、设备、基地，需求高技术人才；学校有师资、人才、办学环境，需求实践经验，两方若合作则可达到资源共享，优势互补。当企业需求被满足之后，企业会增加提供资源的动力，而当学校的需求被满足之后，学校也会更加积极地投入拥有的资源为企业服务。不同的学校和企业在合作的过程中，动力源产生的具体要素会有所不同，但只要抓住了"多赢"即校、企、生三方的需求都得到满足就会有合作的动力。这个动力源的切入点，就可以达到校企合作的深度融合。校企合作时要考虑企业的需求，这样才能有效利用合作双方的优势资源，保证合作的效果，从而产生合作的动力，这就是动力源。企业的合作需求往往源自于其经济活动中薄弱的业务领域，我们称其为"薄弱元"。比如有的企业在营销业务方面欠缺，那营销业务就是它的一个薄弱元，有的企业在理财业务方面存在问题，那么财务管理业务就是它的一个薄弱元等等。为此，我们选择陕财职院与陕西路安特公司的合作为平台，以该企业的薄弱元——财务管理业务为基础，以动力源为特征，构建校企合作动力源模式。

陕西路安特公司财务管理薄弱元的确定。经过对陕西路安特公司的考察调研，我们了解到，目前陕西路安特公司的财务管理中存在较多问题：其中最主要的问题是没有开展筹资管理、投资管理方面的工作。究其原因在于该公司的财务管理人员缺乏相应的理财知识及技能，所以财务管理业务应确定为该公司的一个薄弱元。而公司财务管理活动是企业取得经济效益的重要保证，为了提高企业的经济效益，同时为了提高学院的教育教学质量和学生的动手能力，使企业、学院、学生三方面都能获得好处，我们构建了财务管理专业校企合作的动力源模式。

二、财务管理专业校企合作动力源模式

该模式本着以企业"价值最大化"为突破口，促进财务管理专业校企合作的深度融合。与其他专业相比较而言，财务管理专业的重要性在于培养并提升财务管理人员的理财能力，以便进行有效的财务管理活动。因此，校企合作的契合点则在"价值最大化"，企业在有利可图的情况下，才会在校企合作中发挥积极性和主动性。

合作过程中，学校可积极利用手头的教学资源为企业发现其实际理财过程存在的问题并及时提出解决问题的对策，教师可充当着理财顾问的角色，有针对性地实施对企业相关人员的财务管理知识的培训、为企业制定可行的财务管理制度等等。总之，通过这些举措可使企业树立起理财的价值观念，掌握理财的有效方法，提升理财人员的理财能力，实现企业的价值最大化。

更重要的是要将"价值最大化"贯穿于学生的实训模式，除了工学交替、顶岗实习以外，增加财务管理的实践内容，要求学生模拟企业进行各种财务管理活动。

该模式以"多赢"为抓手，为校企合作提供动力。企业理财实现了"价值最大化"，学校和学生也同样获利。当企业在理财活动中实现了价值最大化时，就会积极地参与到教

学运行体系中，参与人才培养方案、课程体系构建、实训体系构建甚至到学校授课，学校的教学质量和实践教学能力必然得以提升。学生则是个完全的赢家，学习视野更加开阔，职业技能得以提升，学生甚至可以直接获得就业机会。这样的合作使三方的需求都得到了满足，从而保证了合作的效果，为校企合作提供了动力。

该模式建立了校企合作的长效机制。校企合作要求学校建立起人才评级体系，同时帮助企业构建业绩评价体系，评价体系的构建可以科学合理地对校企合作的效果做出判断，从而为校企合作系统增加持续动力，使得整个系统更加顺畅地运行。

三、校企合作动力源模式的应用

路安特公司筹资管理中存在的主要问题为筹资方式单一，主要依靠权益资金的内部积累即留存收益来实现增资，没有充分有效利用负债资金及财务杠杆的作用，结果使得公司没有实现资金成本最小、资金结构最优以及企业价值最大化的财务管理目标。针对路安特公司的筹资管理能力欠缺的问题，我们的解决对策如下：

对财务管理人员开展理论知识培训工作。首先对公司财务管理人员进行培训，使其充分认识债务资金的各种可行筹资方案，及债务资金的财务杠杆作用；然后帮助他们进行筹资管理的最优决策。

筹资管理的最优决策。

债务资金的财务杠杆作用及原理债务资金的筹集方式通常包括向银行借款、发行公司债券、融资租赁、商业信用等。通过这些方式筹集的债务资金存在"财务杠杆"作用。所谓的财务杠杆实际上就是企业中若有一定的债务资金和优先股筹资，则必然存在固定的债务利息 I 和优先股股利 D，那么固定的债务利息 I 和优先股股利 D 就发挥着这样的财务杠杆作用。当企业的息税前利润 EBIT（企业的收入减去变动成本及固定成本，或等于会计上的利润总而加上利息即 EBIT 等于 $PX-bX-a$）增加时，每一元的利润总负担的债务利息 I 和优先股股利 D 就会减少，则会使得普通股股东的每股收益 EPS 以一定的倍数在增加；反之，当企业的息税前利润 EBIT 减少时，每一元的利润总负担的债务利息 I 和优先股股利 D 就会增加，则会使得普通股股东的每股收益 EPS 以一定的倍数在减少。其中前者作用发生在企业的息税前利润 EBIT 增加时，可理解为正作用，后者作用发生在企业的息税前利润 EBIT 减少时，可理解为负作用。

四、财务管理专业动力源模式运用的效益分析

学院获益。学院的人才培养模式得以改革，培养出的人才质量在提高。在与路安特公司合作过程中，企业财务部领导、企业员工、学生参与了我们对于人才培养模式的研究。企业、教师和学生认为：综合实训安排在第五个学期，对三年制财务管理专业学生来说，时间偏晚。因为实习时已经学完大部分的专业知识，在实践中再发现应该弥补什么知识已经无法补救。为了更好地解决这一问题，本着让学生受益的原则，我们推行了"分段式——

前置式"实训模式，安排学生刚入学的两个星期进入企业，综合实训从过去的第五个学期提前至第四个学期。这样一个"发现问题——充实知识——再实习——再发现问题——再充实知识"的学习过程就得以产生。这样的学习过程一方面提高了学生的学习质量，另一方面也优化了学院的人才培养模式。

同时，该模式的应用还有利于提高教师的实践教学水平。另外，可将此方法扩大运用到财务会计、成本会计等其他的财务课程教学中，以获取更多的教学经验。这样一方面可有助于提高学生的实践操作技能，另一方面也利于构筑财经高职院校财务相关课程的实践教学体系，从而提高教育教学质量，为学院和国家的高职教育积累经验，促进学院和我国高职教育的更大发展。

企业获益。我们利用学院的教学资源，先后对企业的财务管理人员进行了财务管理知识的培训，财务管理沙盘模拟培训使得企业财务管理人员的理财能力及素质得到较大的提升，理财水平得到了改进。在合作的前期、中期、后期分别对理财人员的素质和能力进行测试，发现他们对资金筹集管理等技能有了很深的把握与理解。同时，他们还积极利用所学的知识和技能为企业的资金筹集及资金的投放进行实践活动，为企业在一定程度上解决了资金的筹集管理和投放管理中的一些实际问题，企业的经济效益有所提高，效果得到了公司认可。

学生获益。该模式的应用提高了学生学习成绩，激发了学生对学习的兴趣和热情。在期末的理论考试中，同学们的考试成绩比以往显著提高，不及格率明显下降。而且更为重要的是他们对于财务管理理论知识有了深入的理解，从而对财务管理的学习充满了兴趣，在有效问卷中，"你学会财务管理杠杆原理在实际中应用的计算方法吗？"，有75.4%的会计、财务管理和电算化专业的学生回答已掌握，并能熟练应用，讨论热烈，学习积极性很高。在2008级电算化专业的学生调查中，共派发了100份问卷，回收97份问卷，有效问卷95份。调查结果显示：回答公司财务管理的内容、环节等问题正确的同学由原来20%提高到60%；回答公司"会计与财务管理的关系"问题正确的同学由原来的40%提高到90%。由此可见，学生们对理论学习的兴趣和热情得到了极大的激发，带着问题，带着对财务管理实务的极大好奇心，投入到了对财务管理理论的深入学习中，理财实践操作能力、动手能力也得到了极大的锻炼，理论和实践在这里得到了统一。

总之，通过合作，校企双方互惠互利的合作格局得以形成。学校通过与企业的紧密合作，可进行专业及课程的合理设置，优化了人才培养模式。企业通过与学校的合作，实现了其薄弱业务的发展，利于企业价值最大化目标的实现。学生通过校企合作提高了实践操作技能，具有了综合能力，成为适应企业和社会发展需要的高技能型人才，基本上形成了"多赢"的合作格局。

本节以陕财职院和陕西路安特公司的合作为例，对财务管理专业校企合作模式进行了探索，构建了校企合作动力源模式，该模式对经济管理类专业如何同中小企业进行合作做出了有益的尝试。合作时，以企业的需求作为切入点，解决了校企合作中的动力机制问题，找到了校企合作的长效机制。通过实践验证该模式是一种深层次的合作模式，使得学校、企业和学生都得到了相应的收益，进而校企合作具备了动力源泉，推动了整个系统的健康运行，是对现有校企合作理论与实践的补充和发展，是值得推广和应用的。

　　但是由于各方面的原因，合作时间有限，本节所研究的模式还存在一些不足之处，合作项目偏少，而且在校企合作业绩评价体系的构建上还不完善，对于校企合作之后的效益评价尚且停留在感性的认识上，因此在今后的教学和实践中我们将会继续进一步的探索和完善。

参考文献

[1] 黄雅妮. 高职教育校企合作模式初探 [J]. 教育发展研究，2006，（5）.

[2] 殷辉. 德国高等职业教育对我国应用型工商管理本科人才培养的启示 [J]. 中国职业技术教育，2010，（6）.

[3] 冯建军. 高等职业教育校企合作长效机制问题研究 [J].2008，（7）.

[4] 董媛. 市场营销专业校企合作模式的构建 [J]. 陕西财经职业技术学院学报，2010，1（3）：10.

[5] 蓝莎. 模拟公司实践教学法在财务管理课程教学中的应用 [J]. 陕西财经职业技术学院学报.2010，1（3）：10.

[6] 翟帆. 产教如何双向发力，解决人才供需"两张皮" [N]. 中国教育报，2018-03-19（5）.

[7] 刘士祺. 论构建高职院校校企合作的长效机制 [J]. 高教学刊，2018（6）.

[8] 汪清. 我国高职院校校企合作存在的问题与对策研究 [D]. 山东：山东大学，2015.

[9] 张凤英. 刍议职业教育集团化办学视角下校企合作长效机制的构建 [J]. 经贸实践，2017（12）.

[10] 李永明，韩伏媚. 人才培养模式的探索与实践——以渭南职业技术学院学前教育专业为例 [J]. 科教导刊，2018（4）.

[11] 孙杰，周桂瑾，徐安林，王振华. 高职教育推进产教融合、校企合作机制改革的研究与实践 [J]. 中国职业技术教育，2018（3）.

[12] 李柯柯，查吉德. 多元主体共治视域下高职院校校企合作机制研究 [J]. 高等职业教育探索，2018（6）.

[13] 薛喜民. 高等职业技术教育理论与实践 [M]. 复旦大学出版社，2000：2-6.

[14] 刘达泉选译. 世界技术与职业教育纵览 [M]. 高等教育出版社，2002.

[15] 联合国教科文组织. 国际教育标准分类法 [M]. 高等教育出版社，1976.

[16] 谷鸿溪. 中国职业教育跨世纪走向 [M]. 中国铁道出版社，1999.

[17] 严雪怡. 论职业技术教育 [M]. 上海科学技术文献出版社，1999：5.

[18] 姚和芳等. 顶岗实习运行管理与实践探索 [M]. 高等教育出版社，2008.

[19] 俞克新. 高等职业教育理论探索与教改实践 [M]. 高等教育出版社，1999.

[20] 中国高等职业技术教育研究会. 迈向 21 世纪的中国高等职业教育 [M]. 西安电子科技大学出版社，1999.

[21] 翟轰. 高等职业技术教育概述 [M]. 西安电子科技大学出版社，2002：37-40.